Kellner

Arbeitsschutzmanagementsysteme in der Zeitarbeit

Dieses Buch widme ich meinen Eltern.
Ich habe ihnen viel zu verdanken.

Hinweis: In dieser Arbeit wird auf eine geschlechtsneutrale Schreibweise geachtet. Wo diese nicht möglich ist, wird zugunsten der besseren Lesbarkeit das ursprüngliche grammatische Geschlecht als Klassifizierung von Wörtern (männlich, weiblich, sächlich und andere) verwendet. Es wird hier ausdrücklich darauf hingewiesen, dass damit auch jeweils das andere Geschlecht angesprochen ist.

Claudia Kellner

Arbeitsschutzmanagementsysteme in der Zeitarbeit

Schriftenreihe zur Zeitarbeit

Verlag Personal, Recht, Management Ltd.

Bibliographische Information der deutschen Nationalbibliothek
Die Deutsche Nationalbibliothek verzeichnet diese Publikation in der Deutschen Nationalbibliographie; detaillierte bibliographische Daten sind im Internet über http://dnb.d-nb.de abrufbar.

Niederlassung Deutschland: Lindlaustr. 2a, 53842 Troisdorf

Umschlagskonzeption: Verlag Personal, Recht, Management Ltd.
Satz: Verlag Personal, Recht, Management Ltd.
Druck: Books on Demand GmbH, Norderstedt
Printed in Germany, September 2009

ISBN 978-3-941388-28-4

Inhaltsverzeichnis

Abbildungsverzeichnis

Abkürzungsverzeichnis

a.a.O.	am angegebenen Ort
Abb.	Abbildung
ABM	Arbeitsbeschaffungsmaßnahme
Abs.	Absatz
AMS	Arbeitsschutzmanagementsystem
ArbMedVV	Arbeitsmedizinische Vorsorgeverordnung
ArbSchG	Arbeitsschutzgesetz
ArbZG	Arbeitszeitgesetz
ArGV	Arbeitsgenehmigungsverordnung
Art.	Artikel
ASiG	Arbeitsicherheitsgesetz
AÜG	Arbeitnehmerüberlassungsgesetz
BAuA	Bundesanstalt für Arbeitsschutz und Arbeitsmedizin
BetrVG	Betriebsverfassungsgesetz
BG	Berufsgenossenschaft
BGB	Bürgerliches Gesetzbuch
BGH	Bundesgerichtshof
BGI	Berufsgenossenschaftliche Information
BGV	Berufsgenossenschaftliche Vorschrift für Sicherheit und Gesundheit bei der Arbeit
bspw.	Beispielsweise
BZA	Bundesverband Zeitarbeit
bzw.	beziehungsweise
ca.	cirka
DGUV	Deutsche Gesetzliche Unfallversicherung
ebd.	ebenda /ebendieser
EG	Einführungsgesetz; Europäische Gemeinschaft
etc.	et cetera
EU	Europäische Union
EU-OSHA	Europäische Agentur für Sicherheit und Gesundheitsschutz am Arbeitsplatz
EWG	Europäische Wirtschaftsgemeinschaft
FASI	Fachkraft für Arbeitssicherheit
f.	folgende (Seite)
ff.	fortfolgende (Seite)
GDA	Gemeinsame Deutsche Arbeitsschutzstrategie
gem.	gemäß
GewO	Gewerbeordnung
GG	Grundgesetz
ggf.	gegebenenfalls
GmbH	Gesellschaft mit beschränkter Haftung
HGB	Handelsgesetzbuch
HS.	Halbsatz
IGZ	Interessenverband Deutscher Zeitarbeitsunternehmen e.V.
i.d.R.	in der Regel
i.S.d.	im Sinne des

i.S.v.	im Sinne von
i.V.m.	in Verbindung mit
IW Köln	Institut der deutschen Wirtschaft Köln
JArbSchG	Jugendarbeitsschutzgesetz
KFZ	Kraftfahrzeug
MuSchG	Mutterschutzgesetz
NAK	Nationale Arbeitsschutzkonferenz
NLF	Nationaler Leitfaden für Arbeitsschutzmanagementsysteme
Nr.	Nummer
NRW	Nordrhein-Westfalen
NZA	Neue Zeitschrift für Arbeitsrecht
o.g.	oben genannt
ÖPNV	Öffentlicher Personennahverkehr
PET	Personalentscheidungsträger
PSA	persönliche Schutzausrüstung
Rn.	Randnummer
S.	Seite/Satz
SCC	Sicherheits Certifikat Contraktoren
SCP	Sicherheits Certifikat für Personaldienstleister
SGB	Sozialgesetzbuch
SGU	Sicherheit, Gesundheits- und Umweltschutz
s.o.	siehe oben
s.u.	siehe unten
TÜV	Technischer Überwachungsverein
u.a.	unter anderem
usw.	und so weiter
u.v.m.	und viele mehr
UVMG	Unfallversicherungsmodernisierungsgesetz
VBG	Verwaltungsberufsgenossenschaft
vgl.	vergleiche
VO	Verordnung
z.B.	zum Beispiel

1 Einleitung

Aus dem Dreiecksverhältnis der Zeitarbeit resultiert die Zusammenarbeit verschiedener Arbeitgeber bzw. Arbeitnehmer. Dadurch ergeben sich besondere Sicherheitsrisiken und eine spezifische Gefährdungslage. Es ist schwierig, den beteiligten Personen konkrete Schutzpflichten zuzuweisen und deren Durchführung, Ausgestaltung und Koordinierung zu erklären.[1]

Der Arbeits- und Gesundheitsschutz in der Zeitarbeit ist durch die räumliche und zeitliche Überschneidung der Verantwortungsbereiche der beteiligten Arbeitgeber schwierig. Es fehlt eine eindeutige Zuordnung und die Arbeitskräfte befinden sich in einer arbeitsschutzbezogenen Grauzone. Die Leiharbeitnehmer sind einer stärkeren Gefährdung ausgesetzt als die in den Betrieben[2] beschäftigten Stammarbeitnehmer. Durch die oft kurzfristigen Einsätze werden die Leiharbeitnehmer mit häufig wechselnden Arbeitsbedingungen in neuen Arbeitsumgebungen, mit unbekannten Betriebsgefahren und wechselnden Organisationsstrukturen konfrontiert. Die Gefahrenlage ist bei Leiharbeitnehmern größer, da sie ca. vier- bis sechsmal im Jahr den Arbeitsplatz wechseln. Sie stehen als „betriebliche Neulinge" gerade in den ersten Tagen im Einsatzbetrieb einer erhöhten Unfallgefahr gegenüber. Durch Verständigungsprobleme, unzureichende Arbeitsvorbereitung und mangelnde Unterstützung werden die Risiken für die Sicherheit und Gesundheit der Beschäftigten erhöht. Aufgrund der häufig wechselnden Einsatzorte sind Leiharbeitnehmer besonders gefährdet und die Zahl der Arbeitsunfälle wächst.[3]

Leiharbeitnehmer müssen oft Tätigkeiten verrichten, bei denen hohe Schutzanforderungen zu beachten sind. Durch Mängel in den zwingend durchzuführenden Vorsorgeuntersuchungen, der arbeitsmedizinischen Betreuung und der Bereitstellung notwendiger Schutzkleidung steigen die Gefahren. Die Unfallhäufigkeit beim Einsatz von Leiharbeitnehmern im Bereich der Zeitarbeit ist höher als in anderen Wirtschaftsbereichen.

Ursache der Arbeitsunfälle sind u.a. folgende Faktoren:

- die neue Umgebung für die Leiharbeitnehmer,
- der Umgang mit neuen Arbeitstätigkeiten und Maschinen,
- mangelnde Motivation der Leiharbeitnehmer,
- fehlende Konzentration,
- Unterforderung,

---

[1] Vgl. *Julius,* Arbeitsschutz und Fremdfirmenbeschäftigung, 2004, S. 1 f.

[2] Gem. § 4 BetrVG gelten Betriebsteile als selbständige Betriebe, wenn sie 1. räumlich weit entfernt vom Hauptbetrieb oder 2. durch Aufgabenbereich und Organisation eigenständig sind.

[3] Vgl. *Urban-Crell/Schulz,* Arbeitnehmerüberlassung und Arbeitsvermittlung, 2003, S. 132 f.

- unklare Aufgaben und Zuständigkeiten,
- mangelndes Verantwortungsbewusstsein auf Seiten des Entleihbetriebs,
- schlechte und mangelhafte Unterweisung in die neue Arbeitsaufgabe oder
- die Überforderung von unterqualifizierten Leiharbeitnehmern.[4]

Durch die hohen Zahlen der Arbeitsunfälle steigen Berufskrankheiten, Arbeitsunfähigkeiten, Frühverrentungen und Rehabilitationsmaßnahmen. Die mangelhafte Umsetzung des Arbeits-, Gesundheits-, Unfall- und Umweltschutzes bringt auch volkswirtschaftliche Schäden mit sich.

Zu den Kosten von Arbeitsunfällen zählen:

- die gesetzlichen Kosten des Arbeits- und Unfallschutzes,
- die Kosten der Schäden an Ausrüstung und Produkten,
- die Kosten der Ausfallzeit,
- die Kosten der Reparaturen,
- die Kosten der Gerichtsverfahren oder der Versicherungen,
- die Kosten der Unfallermittlung,
- die Kosten der Neueinstellungen und Schulungen von Ersatzarbeitskräften sowie
- die Belastungen wegen geringerer Produktivität, zusätzlicher Überstunden, Aufsichts- und Verwaltungsarbeit.[5]

Der Leiharbeitnehmer erbringt seine Arbeitsleistung in ständig wechselnden Betriebsstätten, häufig mit verschiedenen Arbeitsmitteln, bisher fremden Produktionsabläufen und mit unbekannten Gefahrenquellen. Deshalb besteht gerade in der Zeitarbeit ein dringender Handlungsbedarf für die Verbesserung des betrieblichen Gesundheitsschutzes. Nach den Vorgaben des ArbSchG müssen alle Arbeitgeber mögliche Gefährdungen ihrer Beschäftigten am Arbeitsplatz ermitteln, ggf. arbeitsmedizinische Vorsorgeuntersuchungen veranlassen, Maßnahmen zur Minimierung der Gesundheitsgefahren festlegen und die Ergebnisse der Beurteilungen dokumentieren.

Die Zeitarbeitsunternehmen müssen auf die veränderten Anforderungen des Arbeitsschutzes reagieren. Mit Hilfe von Arbeitsschutzmanagementsystemen wird eine umfassende Prävention ermöglicht und der Prozess einer kontinuierlichen Verbesserung. Der Aufbau eines Arbeitsschutzmanagement ist besonders in kleinen und mittleren Zeitarbeitsunternehmen behilflich, um eigene Lösungen zu entwickeln und umzusetzen. Dadurch werden die Kenntnisse über die Anwendung der Arbeitsschutzvorschriften vertieft und eine Optimierung des Arbeitsschutzes in den Zeitarbeitsunternehmen erreicht.

---

[4] Vgl. *Julius,* Arbeitsschutz und Fremdfirmenbeschäftigung, 2004, S. 3.

[5] Vgl. *Julius,* Arbeitsschutz und Fremdfirmenbeschäftigung, 2004, S. 5.

2 Definitorische Grundlagen und begriffliche Abgrenzung

2.1 Begriffserklärung

In der Literatur wird die Arbeitnehmerüberlassung auch als Personalleasing, Leiharbeit oder Zeitarbeit definiert. Sie bedeutet die Beschäftigung von Arbeitskräften durch Zeitarbeitsunternehmen mit dem einzigen Ziel, sie an andere Unternehmen zu verleihen. Das Verleihunternehmen (Verleiher) führt die Verleihung von Personal (Leiharbeitnehmer) an das Entleihunternehmen (Entleiher) durch. Somit handelt es sich bei der Arbeitnehmerüberlassung um ein Dreiecksverhältnis. Der Arbeitnehmerüberlassungsvertrag wird mit dem Verleiher geschlossen. Dieser verleiht dann die Leiharbeitnehmer an den Entleiher, der einen, i.d.R. kurzfristigen, Personalengpass hat. Sobald diese Tätigkeit beendet ist, wird der Leiharbeitnehmer wieder an einen anderen Entleiher überlassen. Der Leiharbeitnehmer erhält jedoch auch seinen Lohn, wenn kein Bedarf einer weiteren Überlassung besteht. Hier liegt der Unterschied zu den übrigen Beschäftigungsformen. Der Leiharbeitnehmer wird nicht von dem Unternehmen bezahlt, in dem er arbeitet, sondern vom Verleiher, der die Leiharbeitnehmer zeitweise anderen Firmen überlässt.[6]

Der Entleiher entrichtet an den Verleiher neben dem Leiharbeitsentlohnungsbetrag, zusätzlich eine Gebühr für die Erbringung der Dienstleistung durch den Verleiher. Dabei gehen alle Ausfallzeiten (bspw. Krankheit, Urlaubszeit, Schwangerschaft etc.) zu Lasten des Verleihers. Außerdem übernimmt der Verleiher die Rekrutierung und Auswahl von geeignetem Personal.[7]Dem Verleiher obliegt die Arbeitgeberfunktion. Durch den Abschluss eines i.d.R. unbefristeten Leiharbeitsvertrages zwischen Verleiher und Leiharbeitnehmer, besteht ein Beschäftigungsverhältnis. Der Verleiher beabsichtigt, den Leiharbeitnehmer anderen Unternehmen zu überlassen. Im Unterschied zum Normalarbeitsverhältnis, bei dem der Arbeitgeber mit seinem Arbeitnehmer ein Arbeits- und Beschäftigungsverhältnis schließt, liegt hier eine Trennung vor. Lediglich zwischen Verleiher und Leiharbeitnehmer (Leiharbeitsvertrag) sowie zwischen Verleiher und Entleiher (Arbeitnehmerüberlassungsvertrag) besteht eine Vertragsbeziehung. Demgegenüber existieren zwischen Leiharbeitnehmer und Entleiher keine arbeitsvertraglichen Bindungen, sondern ausschließlich Schutz- und Fürsorgepflichten. Alleiniger Arbeitgeber des Leiharbeitnehmers ist und bleibt, auch für die Zeit des Verleihs an das Entleihunternehmen, der Verleiher.[8]

---

[6] Vgl. *Elghahwagi*, Arbeitnehmerüberlassung, 2006, S. 21.

[7] Vgl. *Elghahwagi*, Arbeitnehmerüberlassung, 2006, S. 75 ff.

[8] Vgl. *Urban-Crell/Schulz,* Arbeitnehmerüberlassung und Arbeitsvermittlung, 2003, S. 2 f.

2.2 Gewerbsmäßige Arbeitnehmerüberlassung

Die gewerbsmäßige Arbeitnehmerüberlassung durch Verleihunternehmen ist das Leitbild der gesetzlichen Regelung im AÜG. Gem. § 1 Abs. 1 S. 1 AÜG bedarf die gewerbsmäßige Arbeitnehmerüberlassung der vorherigen behördlichen Erlaubnis. Die Gewerbsmäßigkeit ist gegeben, wenn die Arbeitnehmerüberlassung als selbständige Tätigkeit nicht nur gelegentlich, sondern auf eine gewisse Dauer angelegt und auf die Erzielung unmittelbarer oder mittelbarer wirtschaftlicher Vorteile gerichtet ist. Dafür kennzeichnend ist die Wiederholungs- und Gewinnerzielungsabsicht.[9]

Ferner muss

- ein Arbeitsverhältnis zwischen einem Arbeitgeber und einem Arbeitnehmer vorliegen (Leiharbeitsvertrag),
- es muss eine vertragliche Beziehung zwischen dem Arbeitgeber und einem Dritten bestehen (Arbeitnehmerüberlassungsvertrag),
- der Arbeitnehmer muss auf Grund des Arbeitsvertrages seine Arbeitsleistung beim Dritten tatsächlich erbringen,
- die tatsächliche Überlassung muss gewerbsmäßig erfolgen und
- es darf keine Arbeitsvermittlung vorliegen.[10]

Der Verleiher ist an alle Arbeitgeberpflichten gebunden, insbesondere ist er zur Lohnzahlung, zur Entrichtung der Sozialversicherungsbeiträge sowie zur Einbehaltung und Abführung der Lohnsteuer verpflichtet. Kann der Leiharbeitnehmer nicht in einem Unternehmen eingesetzt werden, trägt der Verleiher auch zu dem Zeitpunkt diese Arbeitgeberpflichten.[11]

Die Erteilung der Erlaubnis richtet sich nach den Vorgaben der §§ 2 und 3 AÜG. Die erste Erlaubnis ist zwingend auf ein Jahr zu befristen und nach drei Jahren ununterbrochener Betätigung als Verleiher kann die Erlaubnis unbefristet erteilt werden. Rücknahme und Widerruf der Erlaubnis sind unter den Voraussetzungen der §§ 4 und 5 AÜG möglich. So ist gem. § 3 Abs. 1 Nr. 1 AÜG die Erteilung oder Verlängerung der Erlaubnis zu versagen, wenn der Verleiher nicht die erforderliche Zuverlässigkeit besitzt, um seinen Verpflichtungen als Verleiher und Arbeitgeber unter Berücksichtigung der Schutzzwecke des AÜG nachzukommen. Weiterhin verlangt § 3 Abs. 1 Nr. 1 AÜG ausdrücklich die Einhaltung der Vorschriften des Arbeitsschutzrechts. Danach hat der Verleiher die Pflicht zur Beachtung und Durchführung aller öffentlich-rechtlichen Arbeitsschutz- und Unfallverhütungsvorschriften. Verstößt der Verleiher gegen diese Pflicht, riskiert er den Fortbestand seiner Erlaubnis und damit die zwingende Voraussetzung für das Betreiben gewerbsmäßiger Ar-

---

[9] Vgl. *Hamann,* Fremdpersonal im Unternehmen, 2008, S. 31 f.

[10] Vgl. *Ulber,* AÜG Kommentar, 2006, § 1 AÜG Rn. 16.

[11] Vgl. *Elghahwagi,* Arbeitnehmerüberlassung, 2006, S. 28 f.

beitnehmerüberlassung. Die Einhaltung der arbeitsschutzrechtlichen Pflichten des Verleihers unterliegt der verwaltungsbehördlichen Kontrolle. Für oder gegen den Einsatz von Leiharbeitnehmern ist die Erlaubnispflicht und die damit verbundene verwaltungsbehördliche Kontrolle ein ausschlaggebendes Kriterium.[12]

Nach dem AÜG ist der Verleiher der Arbeitgeber des Leiharbeitnehmers. Der Leiharbeitsvertrag wird zwischen Verleiher und Leiharbeitnehmer abgeschlossen und enthält keine gesetzliche Schriftform. Anders als der Überlassungsvertrag, kann der Leiharbeitsvertrag daher mündlich oder schriftlich, ohne Beachtung der gesetzlichen Schriftformerfordernis nach §§ 126 f. BGB, vereinbart werden. Das Nachweisgesetz verlangt jedoch eine schriftliche Niederlegung.[13]

Der Arbeitnehmerüberlassungsvertrag wird zwischen dem Entleiher und dem Verleiher abgeschlossen. Hieraus resultiert die Verpflichtung des Verleihers, dem Entleiher für eine bestimmte Zeit Arbeitskräfte gegen Entgelt zur Verfügung zu stellen. Der Verleiher hat insoweit das Beschaffungsrisiko i.S.d. § 276 Abs. 1 S. 1 BGB zu tragen und bleibt zur Leistung verpflichtet, wenn er keinen geeigneten Arbeitnehmer zur Verfügung stellen kann.[14] Dabei haftet der Verleiher nur für das Verschulden bei der Auswahl des verliehenen Arbeitnehmers, nicht aber für dessen Schlechtleistung. Ferner können die Rechte und Pflichten von Verleiher und Entleiher vertraglich abweichend geregelt werden. Insofern kann die Pflicht zur Überlassung auf einen bestimmten Leiharbeitnehmer beschränkt werden oder auch die Haftung des Verleihers bei Verhinderung des Leiharbeitnehmers ausgeschlossen werden.[15] Die Hauptleistungspflicht des Entleihers besteht darin, die für die Überlassung vereinbarte Vergütung an den Verleiher zu entrichten und die Arbeitsleistung des überlassenen Arbeitnehmers anzunehmen. Kann der Entleiher den Leiharbeitnehmer nicht im vertraglich vereinbarten Umfang beschäftigten, trägt er das Verwendungsrisiko und bleibt zur Zahlung der Überlassungsvergütung verpflichtet. Ebenfalls ergeben sich aus der Betriebszugehörigkeit des Leiharbeitnehmers zum Entleihbetrieb, die Fürsorgepflichten des Entleihers.[16] Während der Zeit der Überlassung steht dem Entleiher das Weisungsrecht zu. Formelle Anforderungen an den Vertrag finden sich in § 12 AÜG, insbesondere das Schriftformerfordernis. Dort wird auch auf den Arbeits- und Gesundheitsschutz Bezug genommen, § 12 Abs. 1 S. 3 AÜG. Danach darf der Verleiher seine Arbeitnehmer nur für solche Tätigkeiten und Arbeitsplätze überlassen, die den geltenden Arbeitsschutzbestimmungen entsprechen. Ferner hat der Verleiher die Möglichkeit seine Qualitätsmerkmale in

---

[12] Vgl. *Julius,* Arbeitsschutz und Fremdfirmenbeschäftigung, 2004, S. 8 f.

[13] Vgl. *Thüsing,* AÜG Kommentar, 2008, § 11 AÜG Rn. 5.

[14] Vgl. *Ulber,* AÜG Kommentar, 2006, § 12 AÜG Rn. 9.

[15] Vgl. *Thüsing,* AÜG Kommentar, 2008, Einführung Rn. 41 f.

[16] Vgl. *Ulber,* AÜG Kommentar, 2006, § 12 AÜG Rn. 19.

Form von Zertifizierungen anzuzeigen. Darauf wird in den späteren Kapiteln 7 und 10 dieser Arbeit eingegangen.

Aufgrund der Eingliederung in den Betrieb, ist der Entleiher dem Leiharbeitnehmer zu Schutz und Rücksichtnahme verpflichtet, ähnlich wie der Verleiher als Arbeitgeber. Außerdem hat auch der Entleiher arbeitsvertragliche Nebenpflichten, wie bspw. Fürsorgepflichten und die Pflicht zur Zeugniserteilung.[17] Die Motivation für den Leiharbeitnehmer bei dem Entleiher zu arbeiten, kann in der Festanstellung bei dem Entleihbetrieb gesehen werden, in Weiterbildungsmaßnahmen, dem Kennenlernen unterschiedlicher Betriebe und auch aufgrund von sozialversicherungsrechtlicher Absicherung. Während der Ausübung der Tätigkeit im Entleihbetrieb kann schnell erkannt werden, ob der Leiharbeitnehmer die angegebene Qualifikation auch umsetzen kann. Sollte dies nicht der Fall sein, hat der Entleiher das Recht auf einen Ersatz.[18] Der Leiharbeitnehmer bleibt Angehöriger des Verleihers, gem. § 14 Abs. 1 AÜG, denn er ist in den Betrieb des Entleihers nur in der Weise eingebunden, dass er seinen Weisungen folgen muss. Insofern sind die Leiharbeitnehmer gem. § 14 Abs. 2 AÜG bei der Wahl der betriebsverfassungsrechtlichen Arbeitnehmervertretungen im Entleihbetrieb weder wahlberechtigt noch wählbar. Sie sind aber berechtigt, die Sprechstunden der Arbeitnehmervertretungen aufzusuchen und an den Betriebs- und Jugendversammlungen im Entleihbetrieb teilzunehmen sowie die Mitwirkungs- und Beschwerderechte des einzelnen Arbeitnehmers, gem. §§ 81, 82 Abs. 1 und §§ 84 bis 86 BetrVG, mit Ausnahme der Einsicht in die Personalakten wahrzunehmen.[19]

[17] Vgl. *Thüsing,* AÜG Kommentar, 2008, Einführung Rn. 38 f.

[18] Vgl. *Elghahwagi*, Arbeitnehmerüberlassung, 2006, S. 90.

[19] Vgl. *Pulte,* NZA Heft 5/2000, S. 234.

3 Arbeitsschutz in der Zeitarbeit

3.1 Das System des deutschen Arbeitsschutzrechts

3.1.1 Öffentlich-rechtlicher Arbeitsschutz

Das Arbeitsschutzrecht dient der Sicherheit und dem Gesundheitsschutz der Beschäftigten bei der Arbeit und ist öffentlich-rechtlicher Natur. Einerseits besteht es aus den staatlichen Gesetzen und Verordnungen[20], andererseits aus den autonomen Unfallverhütungsvorschriften der Unfallversicherungsträger[21]. Dieser sog. Dualismus im Arbeitsschutz, bedeutet das Nebeneinander von autonomem und staatlichem Arbeitsschutz.[22]

Die öffentlich-rechtlichen Arbeitsschutzvorschriften sind das Arbeitsschutzrecht im engeren Sinne und lassen sich in sozialen und technischen Arbeitsschutz unterteilen. Der sog. soziale Arbeitsschutz umfasst die Arbeitszeitvorschriften, die der Erhaltung der Gesundheit, Leistungsfähigkeit und des sozialen Wohlbefindens dienen sowie die Vorschriften zum Schutz besonders schutzbedürftiger Personen (wie Jugendliche, Mütter, Schwerbehinderte). Ziel des technischen Arbeitsschutzes ist es, den Arbeitnehmer vor den Folgen der angewandten Technik zu schützen. Dazu gehören technische Einrichtungen, Arbeitsstoffe und Arbeitsplatzgestaltung. Die Verhütung von Arbeitsunfällen, Berufskrankheiten und arbeitsbedingter Erkrankungen ist dabei die Aufgabe des technischen Arbeitsschutzes. Eine klare Abgrenzung zwischen sozialem und technischem Arbeitsschutz ist nicht möglich, da sich die Vorschriften einander ergänzen.[23]

Das staatliche Arbeitsschutzrecht umfasst alle von Bund und Länder erlassenen Normen, die darauf gerichtet sind, die Sicherheit und den Gesundheitsschutz der Beschäftigten bei der Arbeit zu gewährleisten. Nach Art. 30, 83 ff. GG überwachen die Länder die Durchführung des staatlichen Arbeitsschutzrechts. Mit den Mitteln des Verwaltungsrechts und des Verwaltungsvollstreckungsrechts überwachen die zuständigen Landesarbeitsschutzbehörden alle Betriebe ihres Bezirks. § 20 SGB VII regelt die Zusammenarbeit der Unfallversicherungsträger mit den für den Arbeitsschutz zuständigen Landesbehörden. Diese arbeiten bei der Überwachung der Unternehmen eng zusammen und fördern den Erfahrungsaustausch. Sie unterrichten sich gegenseitig über durchgeführte Betriebsbesichtigungen und deren wesentliche Ergebnisse.[24]

---

[20] Vgl. Art. 74 Nr. 12 GG.

[21] Vgl. § 15 SGB VII.

[22] Vgl. *Franke/Molkentin,* SGB VII Kommentar, 2007, § 20 SGB VII Rn. 2.

[23] Vgl. *Pulte,* Das deutsche Arbeitsrecht, 2006, S. 109.

[24] Vgl. *Pulte,* NZA Heft 5/2000, S. 237.

Die Unfallverhütungsvorschriften werden autonom von den Unfallversicherungsträgern als Selbstverwaltungskörperschaften des öffentlichen Rechts erlassen, § 29 Abs. 1 SGB IV. Sie unterliegen nach § 15 Abs. 4 SGB VII dem Genehmigungsvorbehalt des Bundesministeriums für Wirtschaft und Arbeit. Das Unfallverhütungsrecht gehört zwar rechtlich dem Sozialrecht an, kann aber als Arbeitsschutzrecht angesehen werden, denn sein Ziel ist der Schutz vor den Gefahren des Arbeitslebens. Die Aufgabe der Unfallversicherungsträger ist, mit allen geeigneten Mitteln für die Verhütung von Arbeitsunfällen, Berufskrankheiten und arbeitsbedingten Gesundheitsgefahren und für eine wirksame Erste Hilfe zu sorgen, § 14 Abs. 1 SGB VII. Diese Unfallverhütungsvorschriften werden durch technische Aufsichtsbeamte überwacht, gem. § 18 SGB VII. Nach § 19 SGB VII stehen ihnen Betretungs-, Besichtigungs-, Einsichts-, Prüfungs- und Auskunftsrechte zu.[25]

3.1.2 Privatrechtlicher Arbeitsschutz

Neben dem öffentlich-rechtlichen Arbeitsschutzrecht, gelten die arbeitsschutzrechtlichen Pflichten des Arbeitgebers als Privatrecht. Zu diesem Arbeitsschutzrecht im weitesten Sinne werden sämtliche Rechtsvorschriften gezählt, die den Arbeitnehmer vor Gefahren schützen, die sich speziell aus seiner Situation ergeben. Einerseits ergeben sich diese Gefahren aus der wirtschaftlichen Abhängigkeit in Form des Arbeitsvertrages, andererseits aus seiner Arbeitsleistung aufgrund der technischen Einrichtungen, der Arbeitsstoffe und der Arbeitsstätte.[26] Durch Gesetz, Tarifvertrag oder Betriebsvereinbarung hat der Arbeitgeber Schutzpflichten gegenüber dem Arbeitnehmer. Der Arbeitnehmer kann seine Ansprüche gegen den Arbeitgeber gerichtlich durchsetzen. Der Arbeitgeber ist nach den §§ 618 BGB und 62 HGB verpflichtet, den Arbeitnehmer vor den Gefahren im Arbeitsleben zu schützen sowie die erforderlichen Maßnahmen zum Unfall- und Gesundheitsschutz zu treffen. Bei der Verletzung dieser Pflichten ergeben sich für den Arbeitnehmer Schadensersatz-, Unterlassungs-, Erfüllungsansprüche sowie Leistungsverweigerungsrechte.

Gem. § 13 Abs. 1 ArbSchG haben, neben dem Arbeitgeber im Unternehmen, auch weitere Personen der Organ- und Leitungsebene, eine arbeitsschutzrechtliche Verantwortlichkeit. Sie haben allgemeine Arbeitsschutzaufgaben, wie die Verhütung von Unfällen der Beschäftigten bei der Arbeit, die Verhütung arbeitsbedingter Gesundheitsgefahren und die Erhaltung der Arbeitskraft. Ziel ist es, Sicherheit und Gesundheitsschutz der Beschäftigten bei der Arbeit durch Maßnahmen des Arbeitsschutzes zu sichern und zu verbessern, gem. § 1 Abs. 1 S. 1 ArbSchG.

Es müssen bereits im Vorfeld besondere körperliche und psychische Belastungen der Arbeitnehmer, bspw. bei eintöniger Arbeit oder maschinenbestimmten Arbeitsrhythmen, vermieden werden. Dabei müssen gem. §§ 3 ff. ArbSchG die Arbeitsschutzmaßnahmen auf ihre Wirksamkeit überprüft und den sich ändernden Bedingungen angepasst werden. Be-

[25] Vgl. *Julius,* Arbeitsschutz und Fremdfirmenbeschäftigung, 2004, S. 20 f.

[26] Vgl. *Pulte,* Das deutsche Arbeitsrecht, 2006, S. 109.

reits vor Aufnahme der Tätigkeiten sollen die Gefährdungen ermittelt und beurteilt werden, § 5 ArbSchG. Entsprechend ist die Arbeit so zu gestalten, dass eine Gefährdung für Leben und Gesundheit vermieden wird. Dabei verfolgt der betriebliche Arbeitsschutz einen präventiven Schutz.[27]

3.2 Die Leiharbeitnehmer im deutschen Arbeitsschutzrecht

3.2.1 Die Arbeitsschutzpflichten des Entleihers

Wie die Stammarbeitnehmer sind die Leiharbeitnehmer in den Betrieb des Entleihers eingebunden. Nach dem Arbeitnehmerüberlassungsvertrag weist der Entleiher ihnen ihre Tätigkeit zu. Sie arbeiten nach seinem Weisungsrecht und mit den Vorrichtungen und Geräten des Entleihbetriebs. Der Entleiher gestaltet und richtet die Arbeitsplätze der Leiharbeitnehmer ein. Nach § 11 Abs. 6 S. 1 AÜG besteht eine arbeitsschutzrechtliche Gleichstellung der Leiharbeitnehmer und der Stammbelegschaft des Entleihbetriebs, denn die Arbeitsschutzvorschriften des Entleihbetriebs gelten uneingeschränkt auch für die Leiharbeitnehmer.[28] Somit werden die Leiharbeitnehmer während der Überlassung in den Entleihbetrieb integriert.

Des Weiteren hat der Entleiher den Leiharbeitnehmer vor Beginn der Beschäftigung sowie bei Veränderungen im Arbeitsbereich, über die mit der Arbeit verbundenen Gefahren, die Maßnahmen und Einrichtungen zu deren Abwehr zu unterrichten, gem. § 11 Abs. 6 S. 2 und 3 AÜG. Die Unterrichtung muss auch über die Notwendigkeit besonderer Qualifikationen oder beruflicher Fähigkeiten, besonderer ärztlicher Überwachung sowie über erhöhte Gefahren des Arbeitsplatzes erfolgen. Verletzt der Entleiher die sich aus § 11 Abs. 6 AÜG ergebenden Pflichten, steht dem Leiharbeitnehmer ein Leistungsverweigerungsrecht zu.[29] Der Entleiher hat den überlassenen Leiharbeitnehmer über Sicherheits- und Gesundheitsgefahren in seinem Arbeitsbereich zu informieren. Er kann hierfür auf die Ergebnisse der Gefährdungsanalyse zurückgreifen. Nach den §§ 5, 6 ArbSchG ist vom Entleiher eine Gefährdungsbeurteilung durchzuführen und zu dokumentieren.

Darin sind u.a. enthalten:

- Gefährdungen beim Umgang mit Gefahrenstoffen,
- Gefährdungen beim Umgang mit biologischen Arbeitsstoffen,
- Gefährdungen beim Umgang mit heißen und kalten Medien,
- elektrische und mechanische Gefährdungen,

---

[27] Vgl. *Julius,* Arbeitsschutz und Fremdfirmenbeschäftigung, 2004, S. 22 ff.

[28] Vgl. *Ulber,* AÜG Kommentar, 2006, § 11 AÜG Rn. 131.

[29] Vgl. *Ulber,* AÜG Kommentar, 2006, § 11 AÜG Rn. 135.

- Brand- und Explosionsgefährdungen,
- Gefährdungen durch Strahlung und
- andere physische und psychische Belastungen.[30]

Vom § 2 Abs. 2 ArbSchG werden alle Personen erfasst, die in einem Beschäftigungsverhältnis stehen. Zu diesen Beschäftigten gehören alle Personen, die aufgrund einer rechtlichen Beziehung zum Arbeitgeber Arbeitsleistungen erbringen und durch Arbeitsschutzmaßnahmen vor Gesundheitsgefahren zu schützen sind. Die Gesetzesbegründung nennt als rechtliche Beziehung zum Arbeitgeber ausdrücklich auch die „Arbeitnehmerüberlassung". Der Leiharbeitnehmer soll damit im Verhältnis zum Entleiher als Beschäftigter gelten. Er erbringt eine Tätigkeit, die vom Entleiher in Anspruch genommen wird und ist in die Betriebsorganisation des Entleihbetriebes eingebunden. Demnach sind Leiharbeitnehmer als arbeitnehmerähnlich und damit als Beschäftigte anzusehen.[31]

Außerdem übernimmt der Entleiher eine arbeitgeberähnliche Stellung, denn nach § 11 Abs. 6 AÜG trägt er wie ein Arbeitgeber die arbeitsschutzrechtlichen Pflichten. Die arbeitsschutzrechtliche Pflichtenstellung des Entleihers im Verhältnis zum Leiharbeitnehmer ergibt sich schon aus dem ArbSchG. Danach ist der Entleiher wie ein Arbeitgeber zu sehen, da er die Leiharbeitnehmer beschäftigt, § 2 Abs. 3 ArbSchG. Eine Ergänzung findet sich in § 8 ArbSchG. Nach der Fürsorgepflicht des Entleihers, sind ausreichende Schutzmaßnahmen für Leiharbeitnehmer zu treffen, § 618 Abs. 1 BGB und aufgrund der Beschäftigung, sind bestehende öffentlich-rechtliche Schutzpflichten gegenüber dem Arbeitnehmer einzuhalten.[32]

Insofern gilt für Leiharbeitnehmer, während ihrer Beschäftigung im Entleihbetrieb, das ArbSchG und der Entleiher ist Arbeitgeber mit arbeitsschutzrechtlichen Pflichten. Demnach sind die Leiharbeitnehmer arbeitsschutzrechtlich wie die Stammarbeitnehmer des Entleihbetriebs zu behandeln. Ferner muss der Entleiher den Arbeitsschutz gegenüber den Leiharbeitnehmern so gewährleisten, dass die Arbeitsschutzpflichten aus der Betriebszugehörigkeit des Leiharbeitnehmers zum Verleihbetrieb eingehalten werden, gem. § 14 Abs. 1 AÜG. Die Pflicht des Entleihers, mit dem Verleiher zusammenzuarbeiten und sich die erforderlichen Informationen zur Gewährleistung des Arbeitsschutzes zu beschaffen, ergibt sich aus § 8 Abs. 1 S. 1 ArbSchG.[33]

Für den Entleiher ergibt sich die arbeitsschutzrechtliche Grundpflicht gemäß § 3 Abs. 1 ArbSchG. Er hat die erforderlichen Maßnahmen des Arbeitsschutzes zu treffen, um einen umfassenden Schutz der Beschäftigten vor Gesundheitsgefährdungen bei der

---

[30] Vgl. *Julius,* Arbeitsschutz und Fremdfirmenbeschäftigung, 2004, S. 82.

[31] Vgl. *Julius,* Arbeitsschutz und Fremdfirmenbeschäftigung, 2004, S. 85 ff.

[32] Vgl. *Ulber,* AÜG Kommentar, 2006, § 11 AÜG Rn. 131.

[33] Vgl. *Ulber,* AÜG Kommentar, 2006, § 11 AÜG Rn. 133.

Arbeit zu verwirklichen. Zur Planung und Durchführung dieser Maßnahmen hat er bezüglich der Stamm- und auch Leiharbeitnehmer für eine geeignete Arbeitsschutzorganisation zu sorgen und die hierfür erforderlichen Mittel bereitzustellen. Weiterhin muss der Entleiher die Maßnahmen zum Schutz der Leiharbeitnehmer als festen Bestandteil in die Aufgaben der Führungskräfte integrieren, § 3 Abs. 2 ArbSchG.

Bei der Durchführung der Maßnahmen des Arbeitsschutzes sind die allgemeinen Grundsätze nach § 4 ArbSchG zu beachten. In seiner Gefährdungsbeurteilung hat der Entleiher die Leiharbeitnehmer und ihre auszuführenden Arbeiten zu berücksichtigen. Er muss die Gefährdungen für die Leiharbeitnehmer ermitteln und bewerten, um dann die erforderlichen Maßnahmen des Arbeitsschutzes zu treffen. Dabei hat er immer eine Verbesserung von Sicherheit und Gesundheitsschutz der Leiharbeitnehmer anzustreben. Nach § 6 Abs. 1 ArbSchG hat der Entleiher das Ergebnis der Gefährdungsbeurteilung, die Maßnahmen des Arbeitsschutzes und das Ergebnis ihrer Überprüfung zu dokumentieren.

Sind durch den Entleiher die allgemeinen Maßnahmen des Arbeitsschutzes gewährleistet, hat er nachrangig individuelle Schutzmaßnahmen zu treffen, gem. § 4 Nr. 5 ArbSchG. Dabei hat er zu beachten, ob die Leiharbeitnehmer körperlich und geistig in der Lage sind, die ihnen übertragenen Aufgaben nach den Schutzvorschriften auszuführen. Werden Leiharbeitnehmer in besonders gefährlichen Arbeitsbereichen eingesetzt, hat der Entleiher gem. § 9 Abs. 1 ArbSchG besondere Anweisungen zu erteilen. Er hat sie über getroffene Schutzmaßnahmen zu unterrichten und dafür zu sorgen, dass sie bei unmittelbarer erheblicher Gefahr in der Lage sind, die geeigneten Gefahrenabwehrmaßnahmen selbst treffen können. Bei der Schaffung von geeigneten Fluchtmöglichkeiten sowie von Erste Hilfe- und sonstigen Notfallmaßnahmen sind auch die Leiharbeitnehmer zu beachten. Besteht die Möglichkeit eines Gesundheitsschadens, haben die Leiharbeitnehmer einen Anspruch auf arbeitsmedizinische Vorsorge, § 11 ArbSchG.[34]

Der § 12 Abs. 2 ArbSchG weist dem Entleiher ausdrücklich eine Unterweisungspflicht gegenüber den Leiharbeitnehmern zu. Hiernach sind die Leiharbeitnehmer über die Sicherheit und den Gesundheitsschutz bei der Arbeit während ihrer Arbeitszeit ausreichend und angemessen, falls erforderlich auch wiederholt zu unterweisen. Beim Unterweisen handelt es sich um eine arbeitsplatzspezifische Information, die den Arbeitnehmer in die Lage versetzen muss, Arbeitsschutzanordnungen richtig zu erfassen, Gesundheitsgefahren zu erkennen und sich sicherheitsgerecht zu verhalten.[35] Der Entleiher hat die Unterweisung unter Berücksichtigung ihrer Qualifikation und ihrer Erfahrung vorzunehmen. Sie ist unter Beachtung der Gefährdungsentwicklung vor Beginn der Beschäftigung, bei Veränderungen im Aufgabenbereich und der Einführung neuer Arbeitsmittel oder neuer Technologien durchzuführen. Ferner hat der Entleiher den Betriebsarzt, gem. § 2 Abs. 2 S. 3 ASiG und die

[34] Vgl. *Julius,* Arbeitsschutz und Fremdfirmenbeschäftigung, 2004, S. 106 ff.

[35] Vgl. *Ulber,* AÜG Kommentar, 2006, § 11 AÜG Rn. 135.

Fachkraft für Arbeitssicherheit, gem. § 5 Abs. 2 S. 3 ASiG über die Leiharbeitnehmer zu unterrichten, damit diese die Aufgaben des Arbeitsschutzes nach dem ASiG wahrnehmen können. Des Weiteren sollte im Arbeitnehmerüberlassungsvertrag festgelegt sein, dass der Entleiher bei einem Arbeitsunfall eines Leiharbeitnehmers unverzüglich den Verleiher zu informieren hat. Nach § 193 SGB VII ist jeder Unfall in einem Betrieb anzuzeigen, wenn durch den Unfall ein im Betrieb Beschäftigter getötet oder so verletzt ist, dass er stirbt oder für mehr als drei Tage völlig oder teilweise arbeitsunfähig wird. Gibt es Anhaltspunkte für eine Berufskrankheit, gelten die Vorschriften über die Unfallanzeige gem. § 193 Abs. 2 SGB VII entsprechend.[36]

3.2.2 Die Arbeitsschutzpflichten des Verleihers

Die arbeitsschutzrechtliche Verantwortlichkeit des Verleihers unterscheidet sich nicht von der im Normalarbeitsverhältnis. Nur seine Position als Verantwortlicher für die Risiko- und Gefahrensphäre, in der seine Leiharbeitnehmer tätig werden, ist anders. Der Leiharbeitnehmer erbringt seine Leistung nicht beim Verleiher sondern beim Entleiher, also in einer fremdbestimmten Betriebsorganisation. Das AÜG und das Arbeitsschutzrecht weist dem Verleiher, als Verantwortlicher, die arbeitsschutzrechtlichen Pflichten zu.[37]

Der Verleiher trägt die volle arbeitsschutzrechtliche Verantwortlichkeit als Arbeitgeber. Aus den Besonderheiten der Dreiecksbeziehung ergeben sich jedoch einige Einschränkungen. Die Arbeitsschutzmaßnahmen im Entleihbetrieb, also die Vermeidung und Bekämpfung von Gefahren am Arbeitsplatz der Leiharbeitnehmer, sind in erster Linie vom Entleiher zu regeln. Im Vorfeld der eigentlichen Überlassung, d.h. im Rahmen der Einsatzplanung muss der Verleiher präventiv Arbeits- und Gesundheitsschutz betreiben. Er hat vor der Überlassung Informationen über die Arbeitsaufgabe, den Arbeitsplatz und die Arbeitsbedingungen einzuholen.

Ferner obliegen dem Verleiher folgende Pflichten:

- die Grundpflicht als Arbeitgeber, gem. § 3 Abs. 1 ArbSchG,
- die Zusammenarbeit und die Abstimmung mit dem Entleiher über Maßnahmen des Arbeitsschutzes, gem. § 8 Abs. 1 ArbSchG,
- die Unterweisung der Leiharbeitnehmer, gem. § 12 Abs. 1 ArbSchG und
- die Belehrung der Leiharbeitnehmer über Verhütungsmaßnahmen, gem. § 81 Abs. 1 BetrVG.[38]

Bei der Einsatzdisposition der Leiharbeitnehmer fordert der Verleiher eine Tätigkeits- und Arbeitsortbeschreibung mit den erforderlichen Arbeitsschutzmaßnahmen an. Des Weiteren

[36] Vgl. *Pulte,* NZA Heft 5/2000, S. 236.

[37] Vgl. *Julius,* Arbeitsschutz und Fremdfirmenbeschäftigung, 2004, S. 26 f.

[38] Vgl. *Julius,* Arbeitsschutz und Fremdfirmenbeschäftigung, 2004, S. 111 f.

muss er beim Arbeitnehmerüberlassungsvertrag auf die Einhaltung arbeitsschutzrechtlicher Regelungen achten. Es ist z.B. abzustimmen, ob für die Tätigkeit im Entleihbetrieb eine persönliche Schutzausrüstung oder zwingende medizinische Vorsorgeuntersuchungen notwendig sind. Für diese Maßnahmen sind Verleiher und Entleiher zuständig. Deshalb müssen sie vor der Überlassung klären, wer welche Schutzmaßnahmen durchführt. Durch Kontrollen vor Ort überprüft der Verleiher die Sicherheit seiner Leiharbeitnehmer während der Überlassung beim Entleiher. Gibt es im Entleihbetrieb Gefährdungen der Sicherheit und der Gesundheit, kann der Verleiher nach § 3 Abs. 1 S. 1 ArbSchG auf eine Verbesserung bestehen oder seine Mitarbeiter aus dem Entleihbetrieb abziehen. Bei der Einsatzplanung und Überwachung seiner Leiharbeitnehmer hat der Verleiher einen betrieblichen Experten, z.B. die Fachkraft für Arbeitssicherheit, heranzuziehen. Existiert ein Betriebsrat im Zeitarbeitsunternehmen, hat er diesen gem. § 89 Abs. 2 BetrVG bezüglich Arbeitsschutz und Unfallverhütung hinzuzuziehen. Ferner hat der Verleiher nach § 22 Abs. 1 SGB VII Sicherheitsbeauftragte zu bestellen, die ihn bei den Kontrollen unterstützen und beraten. Außerdem sind vom Verleiher zur Überwachung des Arbeitsschutzes, Betriebsärzte und Fachkräfte für Arbeitssicherheit zu bestellen (siehe auch Kapitel 8 und 9 in dieser Arbeit). In der Praxis ist es üblich, dem zuständigen Disponenten die Aufgaben der Fachkraft für Arbeitssicherheit zu übertragen oder, wie bei der ARO Personalservice GmbH, eine externe Fachkraft für Arbeitssicherheit zu beauftragen.

Zu den Aufgaben der Fachkraft für Arbeitssicherheit gehören, nach § 6 ASiG:

- Betriebsbegehungen,
- präventive Überprüfung von Arbeitsmitteln und Arbeitsverfahren,
- Kontrolle und Beobachtung von Arbeitsschutzmaßnahmen,
- Untersuchung von Unfallursachen im Entleihbetrieb und
- Hinwirkung auf ein sicherheitsgerechtes Verhalten der Leiharbeitnehmer.[39]

Insofern sollen gemeinsame Lösungen für die Fragen des Arbeitsschutzes und der Unfallverhütung zwischen dem Verleiher und den beteiligten Personen entwickelt werden. Der Verleiher ist gem. § 1 Abs. 2, § 3 Abs. 1 Nr. 1 AÜG i.V.m. § 3 Abs. 1 ArbSchG verpflichtet, einen gesetzlichen arbeitsschutzrechtlichen Mindeststandard für die Leiharbeitnehmer sicherzustellen. Diesbezüglich muss der Verleiher als Arbeitgeber die Arbeitsbedingungen seiner Leiharbeitnehmer im Entleihbetrieb selbst beurteilen. Gefährdungen sind zu ermitteln, zu bewerten und notwendige Schutzmaßnahmen sind durchzuführen, gem. § 5 ArbSchG. Durch einen Vergleich des betrieblichen Ist-Zustandes mit dem Soll-Zustand sollen die Arbeitsbedingungen nach den Arbeitsschutz- und Unfallverhütungsvorschriften beurteilt werden. Dazu ist es für den Verleiher hilfreich, wenn er auf die dokumentierte Gefährdungsbeurteilung vom Entleiher zugreifen kann. Ist diese jedoch nicht

[39] Ebd.

vorhanden, muss er sich die Informationen durch Anforderung eines Arbeitsplatzprofils oder durch Begehung der Arbeitsstätte vor Ort beschaffen. Zeigt das Ergebnis des Ist-Zustandes mit dem arbeitsschutzrechtlichen Soll-Zustand Defizite auf, muss der Verleiher Schutzmaßnahmen vom Entleiher fordern. Außerdem kann er entscheiden, ob er seine Leiharbeitnehmer für den Einsatz im Entleihbetrieb bereitstellt oder wieder abzieht.[40] Weigert sich der Entleiher, Maßnahmen zur Gewährleistung des Arbeitsschutzes mit dem Verleiher abzustimmen, ist der Verleiher nach einer Abmahnung wegen des Verstoßes gegen § 8 Abs. 1 S. 2 ArbSchG berechtigt, den Vertrag außerordentlich zu kündigen und ggf. Schadensersatz zu verlangen, gem. § 314 Abs. 1, 2 und 4 BGB.[41]

Auch der Verleiher hat im eigenen Unternehmen eine Gefährdungsbeurteilung vorzunehmen und diese zu dokumentieren, gem. § 6 Abs. 1 ArbSchG. Insofern sind sowohl Entleiher als auch Verleiher für die Sicherheit und den Gesundheitsschutz der Leiharbeitnehmer verantwortlich. Verletzen Entleiher oder Verleiher ihre Arbeitsschutzpflichten bzw. Fürsorge-, Kontroll- und Überwachungspflichten, haften sie dem Leiharbeitnehmer in allen Fällen schuldhafter Verletzung auf Schadensersatz.[42] Des Weiteren können sowohl Verleih- als auch Entleihbetriebsrat vorhanden sein. Diesen stehen bezüglich der Leiharbeitnehmer ebenfalls umfangreiche arbeitsschutzbezogene Beteiligungsrechte zu.

---

[40] Vgl. *Julius,* Arbeitsschutz und Fremdfirmenbeschäftigung, 2004, S. 113 ff.

[41] Vgl. *Ulber,* AÜG Kommentar, 2006, § 11 AÜG Rn. 137.

[42] Vgl. *Ulber,* AÜG Kommentar, 2006, § 11 AÜG Rn. 138.

4 Unternehmensvorstellung der ARO Personalservice GmbH[43]

Die Firma ARO bietet gewerbliches und kaufmännisches Fachpersonal in NRW an. Dabei deckt sie vor allem den Helferbereich ab und arbeitet überwiegend (ca. 90 % der Einsätze) für Stammkunden. Sie ist seit Dezember 1999 in Gelsenkirchen-Erle tätig und besitzt seit Dezember 2002 die unbefristete Erlaubnis zur gewerbsmäßigen Arbeitnehmerüberlassung. Der Name ARO entstand aus dem Namen der Geschäftsführerin „Anneliese Rosner". Durch ihre Mitarbeit in der Tarifkommission der IGZ, ist Frau Rosner die Ansprechpartnerin für Kollegen als IGZ Landesbeauftragte für NRW.

Zurzeit wurde die AMS-Zertifizierung der VBG durchgeführt, siehe Kapitel 7. Das Arbeitsschutzmanagementsystem (AMS) der Firma ARO orientiert sich am Leitfaden „AMS-Dienstleister" der VBG. Im April 2009 erhielt die Firma ARO das Zertifikat „Arbeitsschutz mit System. Die SCC/SCP-Zertifizierung, siehe Kapitel 10, ist für einen späteren Zeitpunkt geplant. Grundlage der Unternehmensphilosophie ist: „wenn die Mitarbeiter[44] zufrieden sind, dann geht es auch dem Unternehmen gut". Im Mittelpunkt stehen also zufriedene und damit leistungsbereite Mitarbeiter, die entsprechend gut betreut werden. Zur Betreuung gehört u.a. der Fahrdienst zur Arbeit, im Bedarfsfall wird die Miete bezahlt und Schuldnerberatung getätigt. Ein zufriedener Mitarbeiter arbeitet umsichtiger, hilft (neuen) Kollegen und ist besser integriert. Der Arbeitsschutz wird nicht als Selbstzweck gesehen, sondern vermeidet Arbeitsausfälle bzw. Störungen im Betriebsablauf und bringt Geld für Ver- und Entleiher. Damit liegt der Krankenstand bei der ARO unter 4 %, also unter Branchendurchschnitt. Nach dem Zitat: *„Meinen Erfahrungen nach ist es immer am besten, menschlich zu verfahren"*[45], steht auch bei der ARO die Menschlichkeit im Vordergrund. Insofern wird auf Respekt vor Kunden und Mitarbeitern geachtet, deren Bedürfnisse und Ansprüche berücksichtigt, aus Fehlern im Umgang miteinander gelernt und es werden faire Bedingungen für alle Beteiligten geschaffen. Das sogenannte „Fingerspitzengefühl" spielt eine große Rolle und hat es der ARO bereits ermöglicht, ihre Verlässlichkeit vielen Unternehmen zu beweisen. Die Teilnahmen an regelmäßigen Seminaren in den verschiedensten Bereichen sorgen dafür, dass die Mitarbeiter der ARO ständig über alle Neuerungen informiert und geschult werden.[46]

---

[43] *„ARO Personalservice GmbH"* nachfolgend kurz unter ARO.

[44] Unter *Mitarbeiter* werden bei ARO GmbH externe (Leiharbeitnehmer) und interne (Verwaltungs- und Akquisitionskräfte) Beschäftigte verstanden.

[45] Zitiert nach *Harriet Beecher-Stowe,* Onkel Toms Hütte.

[46] Vgl. Zusammenfassung der ARO GmbH von A – Z.

Die ARO (Verleiher) stellt einen oder mehrere Mitarbeiter (Leiharbeitnehmer), zugeschnitten auf das Anforderungsprofil der Kunden (Entleiher), zur Verfügung. Die Überlassungsdauer kann einige Tage oder einige Jahre sein. Es besteht keine Befristung. Die Kunden übernehmen auch Mitarbeiter und stellen diese fest ein. Ziel der ARO ist es, ihre Mitarbeiter so in das Unternehmen des Kunden zu integrieren, dass dieser kaum einen Unterschied in der Arbeitsleistung und der Zuverlässigkeit gegenüber seinem Stammpersonal spürt. Ferner ist die ARO daran interessiert, langfristig mit ihren Kundenunternehmen zusammen zu arbeiten. Durch die lange Zusammenarbeit, sind die Betriebsabläufe und das Anforderungsprofil für die jeweilige Abteilung bekannt. Sollte ein Kunde merken, dass der angeforderte Mitarbeiter nicht in das Unternehmen passt, kann er sofort anrufen und einen neuen Mitarbeiter anfordern. Solche Missverständnisse sind allerdings äußerst selten, denn die Mitarbeiter sind körperlich fit und können sich schnell in die Arbeit eindenken. Außerdem hat die ARO eine umfassende Bewerberkartei, mit der es in den meisten Fällen schnell möglich ist, den passenden Bewerber einzustellen. Bei Neukunden ermitteln die Disponenten der ARO in einem persönlichen Gespräch, welche Qualifikationen und Faktoren sie bei der Personalsuche berücksichtigen müssen, um den richtigen Mitarbeiter einzustellen.[47]

Das ARO-Team besteht aus externen und internen Mitarbeitern. Während die externen bei den jeweiligen Kunden eingesetzt werden, sind die internen in der Disposition und Verwaltung beschäftigt. Durch die enge externe sowie interne Zusammenarbeit ist eine gute Arbeitsbasis geschaffen, die alle Mitarbeiter zufrieden stellt und die Kunden davon profitieren lässt. Derzeit gibt es, neben der Geschäftsführerin Frau Rosner, 3 interne Vollzeitmitarbeiter (einschließlich dem Fahrdienst), 3 Auszubildende zum Personaldienstleistungskaufmann sowie einen Auszubildenden zum Kaufmann für Bürokommunikation und ca. 130 externe Mitarbeiter. Davon arbeiten ca. 60 % als Produktionshelfer in Verzinkereien und weitere ca. 20 % in der Logistik, meist als Lagerhelfer. Die restlichen externen Mitarbeiter verteilen sich auf kaufmännische und fachliche Bereiche. Die ARO bietet Neulingen einen arbeitsvertraglich abgesicherten „Schnuppertag" mit konkreten Arbeiten beim Kunden an. Außerdem können Neukunden die Dienstleistung der ARO durch die „Vier-Stunden-Garantie" austesten. Dafür wird der Mitarbeiter vier Stunden (maximal sieben Stunden) kostenlos dem Kunden zur Verfügung gestellt und erhält die geleisteten Stunden von der ARO vergütet. Ist der Neukunde mit dem ARO-Mitarbeiter zufrieden und kommt ein Einsatz zustande, wird ein Arbeitnehmerüberlassungsvertrag geschlossen, der die Auftragsbedingungen regelt.

Die Mitarbeiter der ARO erhalten den laut Entgeltgruppe IGZ-Tarifvertrag errechneten Lohn und evtl. Zulagen, die auftragsbezogen sind, bzw. Fahrgelder (je nach Entfernung zur Einsatzstelle). Die Sozialleistungen (Urlaub, Krankheit, Urlaubs- und Weihnachtsgeld usw.) sind auch tariflich geregelt. Die Helfer sind i.d.R. in Lohngruppe 1 (ggf. mit Zulage) oder 2 (z.B. mit Staplerschein) eingruppiert, zusätzlich erhalten sie Fahrgeld. Mit dem spe-

---

[47] Ebd.

ziell für die Zeitarbeit entwickelten Datenverarbeitungsprogramm „proSoft“[48] ist die ARO in der Lage, alle Vorgänge, die sich aus dem Verhältnis Kunde/Mitarbeiter/ARO entwickeln, fehlerfrei und schnell zu bearbeiten. Selbst die Lohnabrechnungen werden bei der ARO über dieses Programm abgewickelt.

Die ARO ist gegen Arbeitsunfälle bei der VBG (Duisburg) versichert. In enger Zusammenarbeit mit der VBG werden die Disponenten und die Sicherheitsbeauftragte der ARO regelmäßig geschult. Vor der Arbeitsaufnahme der ARO-Mitarbeiter wird geprüft, ob eine arbeitsmedizinische Vorsorgeuntersuchung nötig ist. Im Bedarfsfall wird diese umgehend von der ARO veranlasst. Bei Neukunden werden vor Beginn des Einsatzes der ARO-Mitarbeiter die Anforderungen an die Arbeitssicherheit gestellt. Die sicherheitstechnische und die arbeitsmedizinische Betreuung sind extern organisiert, siehe auch Kapitel 8 und 9 in dieser Arbeit. Die Fachkraft für Arbeitssicherheit (kurz FASI) stellt fest, welche Schutzmaßnahmen am Arbeitsplatz zu ergreifen sind. Die Kunden teilen dem Mitarbeiter der ARO dann den Arbeitsplatz zu. Er wird eingewiesen und integriert. Die erforderlichen Schutzmaßnahmen werden mit der ARO abgesprochen und nach ordentlicher Arbeitsplatzeinweisung kann die Arbeit aufgenommen werden. Die ARO sorgt dafür, dass die Mitarbeiter sich den Anforderungen entsprechend kleiden (z.B. Sicherheitsschuhe, Helm und Handschuhe). Besondere Arbeitskleidung wird mit dem Kundenunternehmen abgestimmt.[49]

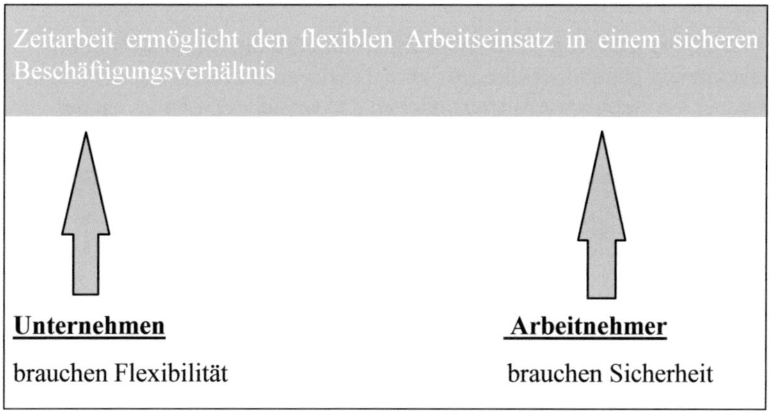

Abb. 1: Sicherheit und Flexibilität der Zeitarbeit

Quelle: ARO Personalservice GmbH, Zusammenfassung von A-Z

48 Zu der Zeitarbeitssoftware „proSoft“ siehe u.a. Kapitel 7.1.4.

49 Vgl. Zusammenfassung der ARO GmbH von A-Z.

5 Die Verwaltungsberufsgenossenschaft (VBG)

Die VBG ist ein Träger der gesetzlichen Unfallversicherung und damit Teil der Sozialversicherung. Dabei hat die VBG gem. § 23 SGB VII den gesetzlichen Auftrag, für die Ausbildung der Personen zu sorgen, die in den Unternehmen mit der Verhütung von Arbeitsunfällen, Berufskrankheiten und arbeitsbedingten Gesundheitsgefahren sowie mit der Ersten Hilfe betraut sind. Das sind Personen, die den Aufgabenbereich Arbeitssicherheit und Gesundheitsschutz innehaben, wie bspw. Unternehmer und Führungskräfte, Betriebs- und Personalräte, Mitarbeitervertreter, Sicherheitsbeauftragte, Fachkräfte für Arbeitssicherheit, Betriebsärzte, Ersthelfer, Meister etc.

Als eine der großen Berufsgenossenschaften in Deutschland versichert die VBG etwa 8,2 Millionen Arbeitnehmer als gesetzliche Unfallversicherung. Außerdem sind versichert: freiwillig versicherte Unternehmer, Patienten in stationärer Behandlung und Rehabilitanden, Lernende an berufsbildenden Einrichtungen und bürgerschaftlich Engagierte. Die VBG versichert etwa 30 Millionen Personen. Zu den knapp 590.000[50] Mitgliedsunternehmen zählen Dienstleistungsunternehmen aus über 100 Branchen, wie z.B. Banken und Versicherungen, Zeitarbeitsunternehmen, freie Berufe, Unternehmen der IT-Branche sowie Sportvereine.[51]

Die Aufgaben der VBG sind:

- die Unternehmer von ihrer zivilrechtlichen Haftung für Arbeitsunfälle und Berufskrankheiten gegenüber ihren Arbeitnehmern zu befreien. Insoweit sind die Unternehmer vor Schadensersatzansprüchen der versicherten Personen geschützt.
- die Verhütung von Unfällen bei der Arbeit und auf dem Arbeitsweg, von Berufskrankheiten sowie arbeitsbedingten Gesundheitsgefahren und für eine wirksame erste Hilfe zu sorgen.
- bei Arbeitsunfällen oder Berufskrankheiten mit allen geeigneten Mitteln die medizinische, berufliche und soziale Rehabilitation der Versicherten zu gewährleisten sowie
- die finanzielle Absicherung und Entschädigung durch Geldleistungen (Verletztengeld, Verletztenrente) der betroffenen Versicherten und ihrer Angehörigen bzw. Hinterbliebenen.[52]

Zu den versicherten Personen bei der VBG gehören alle Arbeitnehmer der Unternehmen, für die die VBG zuständig ist. Unerheblich für den Versicherungsschutz ist es, ob es sich

[50] http://www.vbg.de, Presseinformation, Stand: Januar 2009.

[51] Vgl. VBG-Fachinformation, BGI 5023, S. 1.

[52] Vgl. Informationsbroschüre *„Versichert bei der VBG"*, Stand: Februar 2006, Seite 3.

um Voll- oder Teilzeitbeschäftigte, Aushilfskräfte oder ABM-Kräfte handelt. Ebenso ohne Bedeutung ist die Höhe des Verdienstes.

Kraft SGB VII sind auch versichert:

- angestellte Geschäftsführer einer GmbH,
- Gesellschafter-Geschäftsführer einer GmbH, die weniger als 50 Prozent Kapitalanteile innehaben und über keine Sperrminorität verfügen,
- Arbeitnehmervertreter im Aufsichtsrat einer Aktiengesellschaft,
- Vorstandsmitglieder einer eingetragenen Genossenschaft.[53]

Bei der VBG stehen auch Lernende während ihrer beruflichen Aus- und Fortbildung unter Versicherungsschutz,

- wenn der Arbeitgeber der VBG angehört oder
- wenn die VBG für die Schule bzw. Einrichtung zuständig ist, in der die Bildungsmaßnahme durchgeführt wird. Dies gilt auch, wenn die Schule ein Praktikum in einem Betrieb organisiert.

Wer für eine Körperschaft, Anstalt oder Stiftung des öffentlichen Rechts bzw. deren Verbände oder Arbeitsgemeinschaften ehrenamtlich tätig wird, genießt den Schutz der gesetzlichen Unfallversicherung. Auch ehrenamtliche Tätigkeiten für öffentlich-rechtliche Kirchen und deren Einrichtungen stehen unter Versicherungsschutz. Die VBG ist eine Körperschaft des öffentlichen Rechts mit einer Selbstverwaltung, in der Arbeitgeber und Versicherte vertreten sind. In den Sozialwahlen, die in Deutschland alle sechs Jahre stattfinden, wird eine paritätisch besetzte Vertreterversammlung gewählt. Die Vertreterversammlung (Legislativorgan) beruft einen Vorstand (Exekutivorgan), der mit je sechs Vertretern der Arbeitgeber- und Versichertenseite besetzt ist. Die Geschäftsführung ist für die laufenden Verwaltungsgeschäfte verantwortlich.[54]

Des Weiteren bietet die VBG einen umfassenden Versicherungsschutz gegen die Folgen von Arbeits- und Wegeunfällen sowie von Berufskrankheiten. Dabei sind Arbeitsunfälle solche Unfälle, die Arbeitnehmer bei der Ausübung ihrer Arbeit oder auf Dienstreisen erleiden. Die Tätigkeit muss dem Unternehmen und nicht privaten Zwecken dienen. Dagegen sind Wegeunfälle solche Unfälle, die auf dem direkten Weg zur Arbeit oder zurück passieren. Der Versicherungsschutz beginnt mit dem Verlassen des Wohnhauses und endet mit dem Erreichen der Arbeitsstätte. Im Schadensfall handelt die VBG schnell und bietet ihren Versicherten ein komplettes und sicheres Betreuungssystem. Das Ziel ist die Genesung des Betroffenen, um ihm so die Rückkehr in das gewohnte Lebensumfeld zu ermöglichen. Während der Rehabilitation sichert ein so genanntes Verletztengeld den Lebensunterhalt

---

[53] Vgl. Informationsbroschüre *„Versichert bei der VBG"*, Seite 5.

[54] http://www.vbg.de, Presseinformation, Stand: Januar 2009.

des Versicherten, während er gleichzeitig alle Reha-Leistungen ohne Zuzahlung erhält. Dabei wird die Genesung zusätzlich durch einen Experten der VBG, der so genannte Reha-Manager, unterstützt. Dieser steht dem Erkrankten nicht nur in allen Phasen der Rehabilitation beratend zur Seite, sondern sichert auch die inhaltliche Qualität und den Ablauf. Hierzu arbeitet er eng mit Ärzten und Kliniken zusammen, die sich in der Unfallmedizin und der Rehabilitation besonders qualifiziert haben. Die Klinik für Berufskrankheiten in Bad Reichenhall, die zur VBG gehört, ist auf die Behandlung von Atemwegs- und Hauterkrankungen spezialisiert. Sollten gesundheitliche Einschränkungen die Rückkehr an den Arbeitsplatz erschweren, erarbeiten die Experten der VBG, gemeinsam mit den Arbeitgebern, Möglichkeiten der beruflichen Rehabilitation. Auch im Pflegefall fängt die VBG ihre Versicherten auf und übernimmt die Pflegekosten. Ist die Erwerbstätigkeit nach einem Arbeitsunfall dauerhaft beeinträchtigt, steht VBG-Versicherten eine Entschädigung in Form einer Unfall- oder Berufskrankheitsrente zu. Damit bietet die VBG ihren Mitgliedern Sicherheit in jeder Lebenssituation.

Durch eine stetige, umfassende sowie moderne Kommunikation ist die VBG jederzeit für ihre Versicherten und Mitgliedsunternehmen ansprechbar, sowohl über die Niederlassungen vor Ort als auch per Service-Telefon. Gleichzeitig bietet sie zahlreiche zielgruppenorientierte Medien, um über die aktuellen Entwicklungen bei Arbeitssicherheit und Gesundheitsschutz zu informieren. Kernelemente sind die Website www.vbg.de, das Mitgliedermagazin „Sicherheitsreport“, CD-ROMs mit praxisorientieren Hilfen für viele Branchen und vielfältige Unterweisungshilfen. Hinzu kommen mehrmals jährlich die Teilnahme an Existenzgründermessen, Vorträge auf Fachkongressen und eigene branchenspezifische Veranstaltungen. Mit ihrer Internetseite bietet die VBG einen guten Service im Sinne ihrer Kunden. Dabei können sich Mitgliedsunternehmen unkompliziert online anmelden, die Entgeltmeldung vornehmen, Unfälle anzeigen oder Seminare buchen. In Seminaren in den vier Akademien in Storkau, Gevelinghausen, Dresden und Lautrach macht die VBG Fachkräfte, Sicherheitsbeauftragte, Betriebsräte und Unternehmer fit für die Arbeitssicherheit und den aktiven Gesundheitsschutz. Darüber hinaus sorgt sie für eine verbesserte Erste Hilfe, da sie die Kosten für die Schulungen der Ersthelfer der Mitgliedsunternehmen trägt. Ferner berät der Aufsichtsdienst der VBG direkt im Unternehmen und überwacht die Durchführung der Präventionsmaßnahmen, wobei Unfallverhütungsvorschriften die rechtliche Grundlage bieten. Die Prävention umfasst sowohl sicherheitstechnische und arbeitsmedizinische Maßnahmen als auch Fragen zu Ergonomie und Arbeitsorganisation.[55]

Seit dem 1. Januar 2009 gehören zur VBG auch die BG der keramischen und der Glas-Industrie und am 01.01.2010 ist der Zusammenschluss mit der BG BAHNEN (Straßen-, U- und Eisenbahnen) geplant. Dabei haben sich für die Mitglieder die Branchengliederung und die Gefahrklassen nicht geändert. Der Beitrag zur VBG wird im Umlageverfahren jährlich rückwirkend erhoben und nach einem gesetzlich vorgeschriebenen Berechnungsverfahren

---

[55] Ebd.

festgelegt. Dabei zahlen die Unternehmen nur den tatsächlichen Aufwand im Wege des Umlageverfahrens, denn die VBG darf keine Gewinne erwirtschaften. Dieser Beitrag berechnet sich nach dem Bruttoarbeitsentgelt der Versicherten, dem aktuellen Beitragsfuß und der Gefahrklasse, mit der die VBG dem unterschiedlichen Gefährdungsrisiko einzelner Branchen Rechnung trägt. Der Jahresbeitrag, der seit Jahren auf niedrigem Niveau gehalten werden kann, liegt durchschnittlich bei 0,75 Prozent des Bruttogehalts der Versicherten. Für Zeitarbeitsunternehmen gilt ein spezieller Gefahrtarif, weil für die dort beschäftigten Arbeitnehmer besondere gewerbetypische Unfallgefahren in Folge des häufigen Arbeitsplatzwechsels angenommen werden. Insofern ist in Zeitarbeitsunternehmen die Gefahrklasse 0,86 für die Beschäftigte in Dienstleistungsbereichen und für das Stammpersonal sowie die Gefahrklasse 8,54 für die Beschäftigte in allen anderen Bereichen vorgeschrieben.[56]

[56] Vgl. *VBG-Gefahrtarif*, gültig zur Berechnung der Beiträge 01.01.2009 - 31.12.2010.

6 Zeitarbeit - sicher, gesund und erfolgreich[57]

Damit Zeitarbeitsunternehmen erfolgreich sein können, müssen sie ihre Ressourcen möglichst effektiv und effizient nutzen. In der Praxis sind erfolgreiche Leistungen das Ergebnis vorausschauend und vorsorgend gestalteter Arbeit. Die Kriterien für den Erfolg sind Qualität, Sicherheit und Gesundheit in den Unternehmen. Unternehmer und Personalentscheidungsträger[58] von Zeitarbeitsunternehmen finden Informationen und Praxishilfen für die Gestaltung eines leistungsfähigen Arbeitssystems in den Leitfäden der BGI. Damit werden Möglichkeiten aufgezeigt, um die Arbeit präventiv (vorausschauend, sicher und gesund) zu gestalten und um die Ressourcen optimal zu nutzen. Es werden Hilfestellungen gegeben, die internen sowie die externen Beschäftigten[59] zu qualitätsbewusstem, sicherem und gesundheitsgerechtem Arbeiten zu motivieren.

Die Prozesse des Zeitarbeitsunternehmens müssen geplant, organisiert und kontrolliert werden. Mit dieser präventiven Arbeitsgestaltung wird ein funktionierendes Arbeitssystem geschaffen und damit Qualität sowie wirtschaftlicher Erfolg. Eine gute Arbeitsqualität fördert nicht nur das Image des Unternehmens, sondern führt auch zu einer besseren Mitarbeiterbindung (Motivation, Zufriedenheit) und zu geringeren Fehlzeiten. Welchen Nutzen eine präventive Arbeitsgestaltung für Zeitarbeitsunternehmen hat, zeigt die folgende Abbildung:

[57] Vgl. *VBG-Branchenleitfaden, BGI 5020.*

[58] Wie Niederlassungsleiter, Disponenten, Abteilungsleiter, Personalberater und andere verantwortliche Personen, die Personalentscheidungen treffen.

[59] Bei der VBG werden Verwaltungs- und Akquisitionskräfte als interne Beschäftigte bezeichnet und externe Beschäftigte sind Zeitarbeitnehmer.

Abb. 2: Nutzen einer präventiven Arbeitsgestaltung für die Zeitarbeit

Quelle: VBG-Branchenleitfaden, BGI 5020, S. 7.

Die präventive Arbeitsgestaltung der Zeitarbeitsunternehmen ist notwendig für den Überlassungsprozess sowie für die Betriebsorganisation. Sie umfasst also das komplette Arbeitssystem über alle Prozesse der Wertschöpfungskette in der Zeitarbeit, wie die folgende Abbildung zeigt:

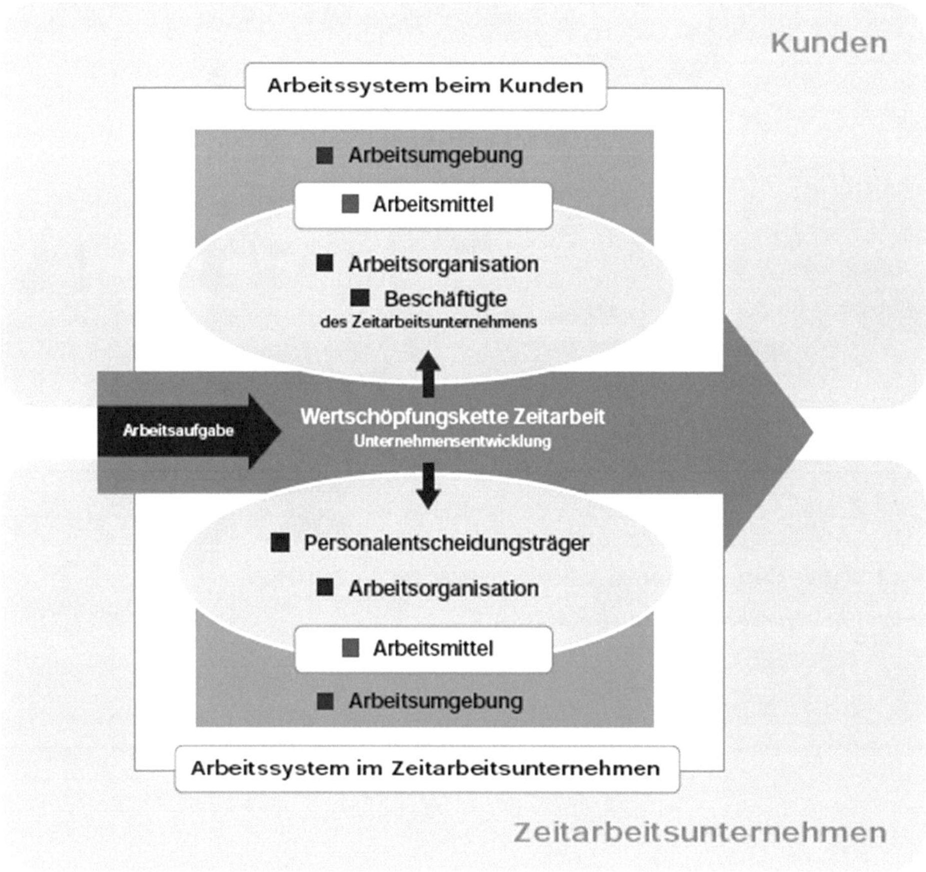

Abb. 3: Wertschöpfungskette Zeitarbeit

Quelle: ***VBG-Branchenleitfaden, BGI 5020,*** **S. 8.**

Erforderlich ist eine gute Organisation der Arbeit, damit alle Beschäftigten die Arbeitsaufgaben optimal erfüllen können. Soziale Ressourcen lassen sich bspw. nutzen durch:

- klare schriftliche Absprachen mit dem Kunden[60] über die Art und den Umfang der Arbeiten,
- Beurteilung von Gefährdungen, Risiken und Festlegung von Maßnahmen,
- Bestimmung von klaren Verantwortlichkeiten,
- Geben von eindeutigen Arbeits- und Dienstanweisungen,
- Festlegung von unmissverständlichen Kommunikationswegen.[61]

Weiterhin sollten alle Beschäftigten dazu befähigt werden in einem qualitativ hochwertigen Betriebsklima gesund und motiviert zu arbeiten. Dazu sind humane Ressourcen zu nutzen, z. B. durch:

- eine regelmäßige Unterweisung und Information der Beschäftigten über die Arbeitsaufgaben beim Kunden sowie
- das Nutzen der Kenntnisse und Fähigkeiten der Beschäftigten.

Die Arbeiten sollten reibungslos und sicher umgesetzt werden, dazu ist sicher zu stellen, dass Arbeits- und Hilfsmittel zur Verfügung stehen. Diese materiellen Ressourcen lassen sich z.B. durch regelmäßig geprüfte und gewartete Arbeitsmittel nutzen. Damit alle Beschäftigten sicher und gesund arbeiten können, sollten die Arbeitsbereiche und die Arbeitsumgebung dementsprechend gestaltet sein. Durch das Einholen von Informationen über die Einsatzbereiche und mögliche Gefährdungen (wie Lärm, Dämpfe, Stäube und andere Einwirkungen) beim Kunden, können Maßnahmen mit dem Kunden vereinbart werden. Insofern lassen sich Raumressourcen nutzen.[62]

6.1 Betriebsorganisation

Eine präventive Gestaltung der Arbeitsprozesse sowie ein qualitativ hochwertiger Überlassungsprozess bilden die Basis eines erfolgreichen Zeitarbeitsunternehmens. Die Voraussetzungen dafür sind eine gute Organisation, die Leistungsbereitschaft aller Beschäftigten und ein aktivierendes Betriebsklima.

6.1.1 Ziele im eigenen Unternehmen

Ein wesentliches Unternehmensziel ist das sichere und gesundheitsgerechte Arbeiten. Dies wird auch schriftlich, z.B. in Leitlinien, Vereinbarungen oder Arbeitsanweisungen doku-

[60] Bei der VBG sowie bei der ARO GmbH werden die Entleiher als *Kunden* bezeichnet.

[61] Vgl. *VBG-Branchenleitfaden, BGI 5020,* S. 7 f.

[62] Vgl. *VBG-Branchenleitfaden, BGI 5020,* S. 7 f.

mentiert. Des Weiteren sollte hierzu eine regelmäßige Unterweisung der Personalentscheidungsträger und aller Beschäftigten in Mitarbeiterbesprechungen, Informationsmedien, Plakaten, vorbildlichen Verhalten aller Führungskräfte sowie im Arbeitsschutzausschuss erfolgen.

6.1.2 Befähigung der Beschäftigten

Die Personalentscheidungsträger tragen die Verantwortung für jede Einstellung, Überlassung (i.V.m. Auftragsannahme und Disposition) und für die Betreuung aller Beschäftigten. Dazu ist eine angemessene Befähigung der Personalentscheidungsträger erforderlich und zwar in:

- Sozial- und Führungskompetenz,
- betriebswirtschaftlicher und kaufmännischer Kompetenz,
- fachlicher Kompetenz über die zu betreuenden Berufs- und Arbeitsbereiche und
- Kenntnissen im Arbeitsschutz.

Durch qualifizierte Personalentscheidungsträger, Fachkräfte für Arbeitssicherheit, Betriebsärzte u.a., wird eine gründliche Einarbeitung der fachlichen Kompetenz gewährleistet. Die gemeinsamen Arbeitsplatzbesichtigungen und Weiterbildungen in arbeitsbereichsbezogenen Seminaren erweitern diese Kenntnisse. In Seminaren der VBG, wie z.B. „Disposition Zeitarbeit – sicher, gesund, erfolgreich“, können die Kenntnisse im Arbeitsschutz erworben oder vertieft werden.[63]

Ferner müssen auch alle Beschäftigten die erforderlichen Befähigungen für ihre Arbeitsaufgaben besitzen. Die Qualifikationen, Erfahrungen und Eignungen sind durch entsprechende Nachweise zu dokumentieren, wie z.B. Zeugnisse, Facharbeiterbriefe, Führerscheine und ärztliche Bescheinigungen der arbeitsmedizinischen Vorsorgeuntersuchungen. Bei Bedarf ist eine Weiterbildung der Beschäftigten durch die Aus- und Weiterbildungsangebote der VBG möglich, bspw. Schweißer, Gabelstaplerfahrer, Sicherheitsbeauftragter, Ersthelfer u.a. .

6.1.3 Aufgaben und Verantwortlichkeiten

In Arbeitsverträgen und Stellenbeschreibungen werden die Verantwortungen und Aufgaben der Personalentscheidungsträger sowie aller Beschäftigten schriftlich vereinbart. Dazu gehören auch die Pflichten und die Verantwortungen im Arbeitsschutz.

Hierbei ist ein gutes Zeitmanagement für die Erledigung der Aufgaben wichtig. Ebenso muss die besondere Schutzbedürftigkeit von Jugendlichen, bspw. Pausenregelungen, von werdenden und stillenden Müttern, bspw. Heben und Tragen, und von behinderten Menschen beachtet werden. In Einsatzbeschreibungen wird mit den Beschäftigten schriftlich

---

[63] Vgl. *VBG-Branchenleitfaden, BGI 5020,* S. 13 f.

vereinbart und besprochen, welche Aufgaben sie im Kundeneinsatz haben. Wesentliche Punkte sind die Sensibilisierung sowie die Verpflichtung zu sicherem und gesundem Arbeiten, zur Einhaltung der mit dem Kunden vereinbarten Schutzmaßnahmen, zum Tragen der persönlichen Schutzausrüstung und zur Berücksichtigung der Unterweisungsinhalte. Des Weiteren sind bei der Disposition die Befähigungen sowie die persönlichen Belange der Beschäftigten zu berücksichtigen.[64]

6.1.4 Beurteilung der Arbeitsbedingungen

Für alle Einsätze der Beschäftigten müssen die Ergebnisse der Beurteilung der Arbeitsbedingungen und die daraus resultierenden Maßnahmen vorliegen. Auch die Arbeitsbedingungen im Zeitarbeitsunternehmen werden beurteilt, Maßnahmen festgelegt und deren Umsetzung verfolgt, wie z.B. Organisation der Abläufe und Prozesse, eigene Büroarbeitsplätze sowie Arbeitsmittel. Bereits im Akquisitionsgespräch und im Angebot des Zeitarbeitsunternehmens sind die Aspekte des Arbeitsschutzes betroffen. Diese müssen sodann in den Arbeitnehmerüberlassungsverträgen geregelt werden. Der Umfang, die Art der Tätigkeiten und Leistungen sollen bei allen Aufträgen klar abgesprochen, abgegrenzt sowie vertraglich festgelegt werden. Bei Rahmenverträgen sind allgemeine Aspekte des Arbeitsschutzes und arbeitsplatzspezifische Aspekte mit der jeweiligen Arbeitsschutzvereinbarung geregelt.

6.1.5 Beschaffung und Prüfung von Arbeitsmitteln und persönlicher Schutzausrüstung

Bei der Beschaffung und beim Einkauf von Arbeitsmitteln, Produkten und Dienstleistungen für die Ermittlung der Anforderungen für Sicherheit und Gesundheit werden entsprechende Personen festgelegt, z.B. Einkäufer, Niederlassungsleiter oder Personalentscheidungsträger. Die Fachkraft für Arbeitssicherheit und der Betriebsarzt stehen dabei beratend zur Seite. Ferner müssen die Erfahrungen der Beschäftigten bei der Beschaffung von Arbeitsmitteln, Produkten und persönlicher Schutzausrüstung berücksichtigt werden. Hierbei sollen nur technisch einwandfreie Arbeitsmittel, Produkte und persönliche Schutzausrüstungen angeschafft werden. Eine Kennzeichnung mit dem CE-Zeichen[65] ist für technische Arbeitsmittel und Verbrauchsprodukte, die unter eine Verordnung des Geräte- und Produktsicherheitsgesetzes fallen, erforderlich. Dazu gehören bspw. elektrische Betriebsmittel, persönliche

---

[64] Vgl. *VBG-Branchenleitfaden, BGI 5020,* S. 15.

[65] *CE-Kennzeichnung (aus TÜV Nord):* Communauté Européene ist eine Kennzeichnung nach EU-Recht für bestimmte Produkte in Zusammenhang mit der Produktsicherheit. Durch die Anbringung der CE-Kennzeichnung bestätigt der Hersteller, dass das Produkt den geltenden europäischen Richtlinien entspricht.

Schutzausrüstungen und Maschinen. Bei einem zusätzlichen GS-Zeichen[66] dieser Produkte, kann der Verwender davon ausgehen, dass die Erzeugnisse von einer unabhängigen Stelle geprüft worden sind und die Fertigung regelmäßig überwacht wird. Des Weiteren sind die Arbeitsmittel für den Einsatz beim Kunden und im Zeitarbeitsunternehmen innerhalb der erforderlichen Fristen von befähigten Personen zu prüfen. Dabei werden Fristen und Prüfer festgelegt.

Des Weiteren sollen alle Beschäftigten unverzüglich Gefahren für die Sicherheit und Gesundheit dem Vorgesetzten im Kundenunternehmen melden, wie z.B. defekte Arbeitsmittel, mangelhafte Schutzeinrichtungen und persönliche Schutzausrüstungen. Erfolgt daraufhin keine Reaktion beim Kunden, soll der Personalentscheidungsträger informiert werden.[67]

6.1.6 Information und Kommunikation

Die Informations- und Kommunikationswege zwischen Kunden, Unternehmer, Personalentscheidungsträgern und Beschäftigten müssen festgelegt werden, z.B. in Arbeits- und Verfahrensanweisungen. Dabei werden auch neue Informationen von Beschäftigten über die jeweiligen Arbeitsplätze und die Einsatzbedingungen beim Kunden berücksichtigt. Eine arbeitsplatzbezogene Unterweisung und Einweisung durch den Kunden ist bei jeder neuen Arbeitsaufgabe und jedem neuen Arbeitseinsatz notwendig. Ebenfalls werden die internen Beschäftigten des Zeitarbeitsunternehmens über sicheres und gesundheitsgerechtes Arbeiten im Büro unterwiesen. Diesbezüglich müssen die für den Überlassungsprozess erforderlichen, jeweils aktuellen Fassungen der rechtlichen Bestimmungen (Gesetze, Verordnungen zum Arbeitsschutz, berufsgenossenschaftliche Vorschriften und Regeln) zur Verfügung stehen. Durch einen kontinuierlichen Verbesserungsprozess und bei entsprechender Mitarbeiterbeteiligung wird eine gute Betriebsorganisation gefestigt.[68]

6.1.7 Sicherheitstechnische und betriebsärztliche Betreuung sowie Notfallvorsorge

Den Beschäftigten werden arbeitsmedizinische Vorsorgeuntersuchungen angeboten, wenn eine Exposition von bestimmten Gefahrstoffen besteht oder besondere Tätigkeiten, z.B. Feuchtarbeiten, durchgeführt werden. Vor einer neuen Arbeitsaufnahme muss der Personalentscheidungsträger die erforderlichen arbeitsmedizinischen Vorsorgeuntersuchungen veranlassen und die ärztlichen Bescheinigungen vorlegen. Durch Arbeitsschutzvereinbarungen können notwendige Erste-Hilfe-Maßnahmen beim Kunden, z.B. Meldeeinrichtung, Erste-Hilfe-Material und Ersthelfer vertraglich geregelt werden. Auch die Arbeitsplätze im Zeit-

---

[66] *GS-Zeichen (aus TÜV Nord)*: Das freiwillige TÜV-Siegel „Geprüfte Sicherheit“ (GS-Zeichen) bescheinigt, dass ein Produkt den Anforderungen des Geräte- und Produktsicherheitsgesetzes (GPSG) entspricht.

[67] Vgl. *VBG-Branchenleitfaden, BGI 5020,* S. 17 ff.

[68] Ebd.

arbeitsunternehmen müssen danach geregelt und kontrolliert werden. Ebenfalls dazu gehören die notwendigen Brandschutzmaßnahmen, z.B. die ausreichende Anzahl Feuerlöscher, gekennzeichnete Brandschutzeinrichtungen und der Aushang zum Brandschutz.

Bei einem Arbeitsunfall oder einer arbeitsbedingten Erkrankung wird überprüft, ob eine Untersuchung beim Kunden durchzuführen ist. Eine Unfallanzeige wird ausgefüllt und an die VBG (Bezirksverwaltung gem. Wohnsitz des Beschäftigten) sowie an die zuständige Arbeitsschutzverwaltung (Gewerbeaufsicht/Amt für Arbeitsschutz gem. Unfallort) gesandt. Die Pflicht zur Anzeige eines Versicherungsfalls durch die Unternehmer ist im § 193 SGB VII festgelegt. Diesbezüglich ist der Unfallversicherungsträger der Adressat der Unfallanzeige, der für das Zeitarbeitsunternehmen zuständig ist, gem. § 133 Abs. 2 SGB VII. Dabei ist der zuständige Unfallversicherungsträger für Verleih- bzw. Zeitarbeitsunternehmen die VBG.[69] Nach Bedarf sind bei Fragen die Fachkraft für Arbeitssicherheit oder der Betriebsarzt hinzuzuziehen. Außerdem sind die Fachkraft für Arbeitssicherheit und der Betriebsarzt gem. § 193 Abs. 5 S. 2 SGB VII wegen ihrer spezifischen Funktionen im Hinblick auf die Arbeitssicherheit von jeder Anzeige i.S.d. § 193 Abs. 1 oder 2 SGB VII vom Unternehmer oder Personalentscheidungsträger zu unterrichten.[70]

6.1.8 Dokumentation

Durch eine gute Dokumentation lassen sich die gewonnenen Informationen für künftige Überlassungen nutzen und es wird der Nachweis einer arbeitsschutzgerechten Gestaltung der Arbeitsorganisation erbracht. Dabei wird u.a. Folgendes dokumentiert:

Dokumente im Zeitarbeitsunternehmen

- Beauftragungen als verantwortliche Personen (Pflichtenübertragungen)
- Ergebnisse der Beurteilung der Arbeitsbedingungen im Zeitarbeitsunternehmen (Gefährdungsbeurteilung)
- durchgeführte Unterweisungen der internen Beschäftigten und Personalentscheidungsträger
- durchgeführte Prüfungen von Arbeitsmitteln
- durchgeführte arbeitsmedizinische Vorsorgeuntersuchungen und Vorsorgekartei von internen Beschäftigten sowie Personalentscheidungsträgern
- sicherheitstechnische und betriebsärztliche Betreuung
- Verbandbuch
- Nachweis der Ersthelfer-Ausbildung und –Fortbildung

---

[69] Vgl. *Franke / Molkentin,* SGB VII Kommentar, 2007, §§ 133 Abs. 2, 193 Abs. 1 SGB VII.

[70] Vgl. *Franke / Molkentin,* SGB VII Kommentar, 2007, § 193 SGB VII Rn. 13.

- Unfallanzeigen und Berufskrankheitenanzeigen.[71]

Dokumente im Rahmen des Überlassungsprozesses

- Ergebnisse der Beurteilungen der Arbeitsbedingungen, z.B. Auftragsannahme, Arbeitsplatzbesichtigung vor Auftragsbeginn
- Arbeitnehmerüberlassungsvertrag mit integrierter Arbeitsschutzvereinbarung oder Rahmenvertrag mit separater Arbeitsschutzvereinbarung
- Ergebnisse von Arbeitsplatzbesichtigungen nach Auftragsbeginn
- durchgeführte Unterweisungen der externen Beschäftigten
- Aushändigung von persönlicher Schutzausrüstung
- durchgeführte arbeitsmedizinische Vorsorgeuntersuchungen und Vorsorgekartei von externen Beschäftigten.[72]

6.2 Überlassungsprozess

Eine erfolgreiche Zeitarbeit benötigt als zweite wesentliche Voraussetzung, neben einer guten Betriebsorganisation, einen Überlassungsprozess, in dem präventiv Sicherheit und Gesundheit berücksichtigt werden. Damit können alle Ressourcen effektiv und effizient eingesetzt werden. Wie in Abbildung 4 dargestellt, umfasst der Überlassungsprozess folgende Schritte:

[71] Vgl. *VBG-Branchenleitfaden, BGI 5020,* S. 21.

[72] Ebd.

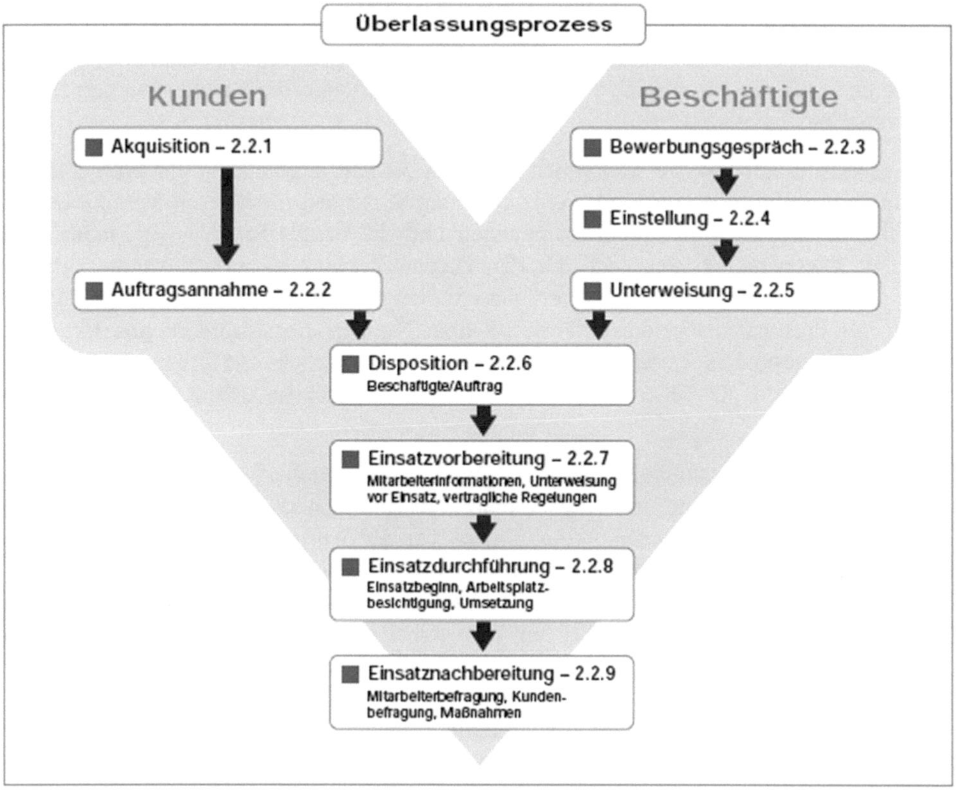

Abb. 4: Schritte des Überlassungsprozesses im Zeitarbeitsunternehmen

Quelle: VBG-Branchenleitfaden, BGI 5020, S. 22.

6.2.1 Akquisition

Bei der Akquisition von Aufträgen soll deutlich gemacht werden, dass ein sicheres und gesundheitsgerechtes Arbeiten für das Zeitarbeitsunternehmen wichtig ist. Mit Hilfe eines Arbeitssystems können zuverlässige Dienstleistungen, eine eigene Betreuung der Beschäftigten und eine sicherheitsbewusste Arbeitsweise sichergestellt werden.[73]

[73] Vgl. *VBG-Branchenleitfaden, BGI 5020,* S. 23.

6.2.2 Auftragsannahme

Nach den staatlichen und berufsgenossenschaftlichen Regeln ist der Kunde verpflichtet, sichere und gesunde Arbeitsplätze auch für die Beschäftigten der Zeitarbeitsunternehmen bereitzustellen.

Die Aspekte des Arbeitsschutzes müssen bereits in der Auftragsannahme für den geplanten Einsatz umfassend mit einbezogen werden. Weiterhin müssen für alle Einsätze die Ergebnisse der Beurteilung der Arbeitsbedingungen und die daraus festgelegten Maßnahmen vorliegen. Diesbezüglich sieht sich der Personalentscheidungsträger unbekannte Arbeitsplätze beim Kunden an und bespricht mit diesem die genaueren Einsatzbedingungen. Dabei stimmt der Personalentscheidungsträger mit dem Kunden die Anforderungen für einen sicheren und gesundheitsgerechten Einsatz ab, z.B. körperliche Anforderungen, Umgebungseinwirkungen, persönliche Schutzausrüstungen und arbeitsmedizinische Vorsorgeuntersuchungen.

Im Auftragsannahmeformular dokumentiert der Personalentscheidungsträger die Informationen aus der Besichtigung und dem Gespräch mit dem Kunden. Es ist möglich, dass die Besichtigung eines unbekannten Arbeitsplatzes vor der Auftragsannahme nicht erfolgen kann, z.B. bei Einsätzen als Kundendienstmonteure, auf Fernbaustellen oder in zugangsgesicherten Bereichen wie in der Kerntechnik. Dann werden die erforderlichen Informationen durch den Kunden dokumentiert, z.B. mit dem Arbeitsplatzbesichtigungsprotokoll. Durch einen Selbstcheck von qualifizierten Beschäftigten kann zusätzlich eine Überprüfung der Angaben vorgenommen und dokumentiert werden. Diese Beschäftigten werden dazu qualifiziert und unterwiesen. Bei einer wiederholten Besetzung des Arbeitsplatzes, muss nur dann eine Besichtigung vor Auftragsannahme vorgenommen werden, wenn sich die Arbeitsbedingungen verändert haben. Ein sicherer und gesundheitsgerechter Einsatz der Beschäftigten muss gewährleistet werden. Deshalb wird ein Auftrag nicht angenommen, wenn Mängel für einen sicheren Einsatz vorliegen oder wesentliche Informationen fehlen.[74]

6.2.3 Bewerbungsgespräch

Die Befähigungen, wie Qualifikation, Erfahrungen, Kenntnisse und Eignung, der Beschäftigten müssen bei der Einstellung für die vorgesehenen Tätigkeiten überprüft werden.

Das können z.B. Facharbeiter- oder Gesellenbriefe, Arbeitszeugnisse, Führerscheine sowie Nachweise für die Fähigkeit zum Schweißen und für das Führen von Flurförderzeugen oder Kränen sein. Weiterhin können die fachlichen Kenntnisse der einzustellenden Beschäftigten auch durch geeignete Fachkundetests festgestellt werden, wie z.B. Schweißprobe oder Schreibprobe.

---

[74] Vgl. *VBG-Branchenleitfaden, BGI 5020,* S. 24.

6.2.4 Einstellung

Wesentliche Voraussetzung für die Einstellung von Beschäftigten, ist die für die Tätigkeiten erforderliche Befähigung. Die eingestellten Beschäftigten müssen also die entsprechenden Qualifikationen, Erfahrungen, Kenntnisse und die Eignung für die auszuübenden Tätigkeiten besitzen. Dazu werden ihre Nachweise im Zeitarbeitsunternehmen dokumentiert.

6.2.5 Unterweisung

Regelmäßig sollen die Beschäftigten allgemein und vor jedem Einsatz tätigkeitsspezifisch unterwiesen werden. Hierzu können die Unterweisungshilfen der VBG genutzt werden, wie der „Fragebogen für Sicherheit und Gesundheit bei der Arbeit“ oder das Unterweisungsprogramm für die Zeitarbeit. Die Unterweisungen müssen mindestens einmal jährlich bzw. bei gegebenen Anlässen (bspw. bei Änderungen der Tätigkeiten, nach aufgetretenen Sicherheitsmängeln und Gesundheitsgefahren oder nach erfolgten Unfällen) wiederholt werden. Die Unterweisung ist schriftlich vom Unterweisenden und Unterwiesenen zu bestätigen und zu dokumentieren. Nach § 4 der Unfallverhütungsvorschrift „Grundsätze der Prävention“ (BGV A1) trifft die Pflicht zur Unterweisung, entsprechend § 12 Abs. 2 ArbSchG, den Entleiher bzw. Kunden.[75]

6.2.6 Disposition

Bei der Disposition oder Einsatzplanung müssen die Qualifikationen, Fähigkeiten und Kenntnisse sowie die persönlichen, psychischen und körperlichen Voraussetzungen der Beschäftigten, den Anforderungen der Kunden sowie der Arbeitsaufgabe entsprechen.

Dafür sind die für den Einsatz erforderlichen arbeitsmedizinischen Vorsorgeuntersuchungen durchgeführt worden. Des Weiteren müssen die erforderlichen Arbeitsmittel und die notwendige persönliche Schutzausrüstung für den Einsatz beim Kunden zur Verfügung gestellt werden.

6.2.7 Einsatzvorbereitung

Im Rahmen einer Einsatzbesprechung sollen die externen Beschäftigten über die Arbeitsbedingungen informiert werden. Inhalt dieser Besprechung sind z.B. die Beschreibung der Arbeitsaufgabe und des betrieblichen Umfeldes, Kontaktperson beim Kunden, erforderliche Schutzmaßnahmen und die Wegbeschreibung zur Arbeitsstätte. Diese Einsatzinformationen werden den externen Beschäftigten schriftlich mitgegeben. Gleichfalls wird sichergestellt, dass die Beschäftigten entsprechend dem geplanten Einsatz unterwiesen sind. Sie werden angewiesen, den Personalentscheidungsträger zu informieren, wenn andere Arbeiten beim Kunden durchzuführen sind, als vereinbart. Die Arbeitsmittel und die erforderliche persönliche Schutzausrüstung für den Einsatz beim Kunden werden ihnen übergeben und sie wer-

[75] Vgl. *BGV A1, Unfallverhütungsvorschrift „Grundsätze der Prävention“*, 2004.

den auf den sicheren Einsatz sowie die Tragepflicht hingewiesen. Für den Einsatz der persönlichen Schutzausrüstung gegen tödliche Gefahren oder bleibende Gesundheitsschäden, werden besondere Unterweisungen mit Übungen durchgeführt, z.B. Atemschutz. Weiterhin sind die Beschäftigten verpflichtet, sicherheitswidrige Anweisungen nicht durchzuführen und den Personalentscheidungsträger sofort zu informieren. Dazu gehören bspw. Arbeiten an hoch gelegenen Arbeitsplätzen ohne Absturzsicherung. Außerdem sind sie verpflichtet, den Vorgesetzten beim Kunden und/oder den Personalentscheidungsträger über fehlerhafte persönliche Schutzausrüstung und mangelhafte Arbeitsmittel sowie über Probleme und Störungen beim Arbeitsablauf des Kunden zu informieren.[76]

In der Arbeitsschutzvereinbarung des Arbeitnehmerüberlassungsvertrages werden die auftragsbezogenen Aspekte von Sicherheit und Gesundheit geregelt.

Hierin muss mindestens Folgendes enthalten sein:

- die Tätigkeit, die besonderen Merkmale sowie die dafür erforderliche Qualifikation,
- der Einsatzort und Arbeitsbereich,
- die erforderliche arbeitsmedizinische Vorsorge,
- die erforderliche persönliche Schutzausrüstung,
- die Unterweisung am Tätigkeitsort,
- die Erste Hilfe,
- der Arbeitsunfall,
- die Arbeitsplatzbesichtigung und
- die Maßnahmen bei Umsetzung.[77]

6.2.8 Einsatzdurchführung

Grundsätzlich werden die externen Beschäftigten vom Personalentscheidungsträger oder von anderen Personen bis zum Vorgesetzten an die für sie unbekannten Arbeitsplätze beim Kunden begleitet. Dem Personalentscheidungsträger oder der Person, die den Beschäftigten begleitet, ist dieser Arbeitsplatz bekannt. Mit der Einweisung in die Arbeitsaufgabe und –abläufe sowie mit der Unterweisung im sicheren und gesundheitsgerechten Arbeiten beim Kunden beginnt der Einsatz. Nach Einsatzbeginn erkundigt sich der Personalentscheidungsträger bei den Beschäftigten und dem Kunden über deren Erfahrungen. Mit diesen Informationen, z.B. Einarbeitung, Kenntnisse über Arbeitsverfahren, Einsatz von Arbeitsmitteln, Unterweisungen, persönliche Schutzausrüstung und Überforderungen, lassen sich Eindrücke über Kunden- und Mitarbeiterzufriedenheit gewinnen. Durch Arbeitsplatzbesichtigun-

---

[76] Vgl. *VBG-Branchenleitfaden,* BGI 5020, S. 26 f.

[77] Vgl. *VBG-Branchenleitfaden,* BGI 5020, S. 27.

gen vom Personalentscheidungsträger oder von anderen qualifizierten Personen, wie Fachkraft für Arbeitssicherheit und Betriebsarzt, werden die Einsatzbedingungen der Beschäftigten überprüft.

Mittels dieser Arbeitsplatzbesichtigungen erfolgt u.a. eine Kontrolle nach:

- Einsatz der externen Beschäftigten vom Kunden entsprechend den Anforderungen und Befähigungen im Arbeitnehmerüberlassungsvertrag bzw. in der Arbeitsschutzvereinbarung,
- Unterweisung der externen Beschäftigten vom Kunden über sicheres und gesundheitsgerechtes Arbeiten am Arbeitsplatz oder im jeweiligen Aufgabenbereich,
- Einhaltung der Arbeitsschutzanforderungen vom Kunden zum Schutz der externen Beschäftigten,
- Bereitstellung und Benutzung der erforderlichen persönlichen Schutzausrüstung und
- Notwendigkeit von evtl. weiteren arbeitsmedizinischen Vorsorgeuntersuchungen.[78]

Eine regelmäßige Wiederholung dieser Besichtigungen entsprechend den Gefährdungen ist erforderlich. Wird dabei festgestellt, dass die Vereinbarungen und Verpflichtungen zum Arbeitsschutz nicht oder nur teilweise eingehalten werden, muss gemeinsam mit dem Kunden eine Umsetzung und Erfüllung erfolgen. Insofern muss der Einsatz beendet werden, wenn kein sicherer und gesundheitsgerechter Einsatz der externen Beschäftigten gewährleistet ist. Die Ergebnisse der Arbeitsplatzbesichtigungen finden Berücksichtigung bei der Planung von Folgeeinsätzen. Weiterhin müssen die vertraglichen Vereinbarungen, wie Arbeitnehmerüberlassungsvertrag und Arbeitsschutzvereinbarung, bei einer Umsetzung angepasst werden. Durch eine Umsetzung der externen Beschäftigten vom Kunden können andere Arbeitsbereiche, andere Tätigkeiten und andere Arbeitsschutzanforderungen betroffen sein.

6.2.9 Einsatznachbereitung

Mit einer Kundenbefragung lassen sich Leistung, Zuverlässigkeit sowie sicheres und gesundheitsgerechtes Verhalten der externen Beschäftigten ermitteln. Die Kundenbeschwerden sollen helfen die eigene Arbeit zu verbessern, um aus Fehlern zu lernen. Des Weiteren werden auch die externen Beschäftigten nach Einsatzende über den erfolgten Einsatz befragt. Die Ergebnisse der Kunden- und Mitarbeiterbefragung[79] werden bei der Vorbereitung der zukünftigen Einsätze berücksichtigt.[80]

---

[78] Vgl. *VBG-Branchenleitfaden,* BGI 5020, S. 28.

[79] Mit *Mitarbeitern* sind hier die externen Beschäftigten gemeint.

[80] Vgl. *VBG-Branchenleitfaden,* BGI 5020, S. 29.

7 Arbeitsschutz mit System – AMS[81] bei der ARO Personalservice GmbH

Durch eine systematische Organisation des Arbeitsschutzes verbessert sich die Wettbewerbsfähigkeit von Dienstleistungsunternehmen. Insofern führt ein guter Arbeitsschutz zu einer hohen Qualität der Arbeit, fördert die Produktivität, die Leistungsfähigkeit und die Leistungsbereitschaft der Beschäftigten. Die Sicherheit und Gesundheit bei der Arbeit sind durch einen guten Arbeitsschutz gewährleistet und täglicher Bestandteil aller Entscheidungen im Unternehmen. Arbeitsschutz mit System ist in alle Prozesse des Unternehmens integriert. Durch eine erfolgreiche Umsetzung und den Aufbau eines Arbeitsschutzmanagementsystems können alle Ressourcen des Unternehmens optimal ausgeschöpft und kontinuierlich verbessert werden (humane, soziale, materielle und räumliche Ressourcen). Des Weiteren werden wesentliche rechtliche Anforderungen zum Arbeitsschutz berücksichtigt, wie z.B. die Anforderung aus:

- dem Arbeitsschutzgesetz,
- der Bildschirmarbeitsverordnung,
- der Betriebssicherheitsverordnung,
- der BGV A1 „Grundsätze der Prävention“ oder
- den geltenden Vorschriften zur sicherheitstechnischen und betriebsärztlichen Betreuung.[82]

Der „AMS-Dienstleister“ ist eine spezifische Handlungshilfe der VBG für Dienstleistungsunternehmen und entspricht den Anforderungen des „Nationalen Leitfadens für Arbeitsschutzmanagementsysteme“. Weiterhin ermöglicht das AMS den Arbeitsschutz in die gesamte Wertschöpfungskette des Unternehmens zu integrieren. Wie ein Bestandteil des täglichen Managements des Unternehmens werden präventive Aspekte der Arbeitsgestaltung umgesetzt. Mit Hilfe von sieben Prozessschritten lässt sich das AMS systematisch umsetzen und pflegen, wie in Abbildung 5 dargestellt:

[81] Vgl. *VBG-Fachinformation,* BGI 5023.

[82] Vgl. *VBG-Fachinformation,* BGI 5023, S. 5.

Abb. 5: Präventive Arbeitsgestaltung mit dem AMS-Dienstleister

Quelle: VBG-Fachinformation, BGI 5023, S. 7.

7.1 Führen und Organisieren

7.1.1 Unternehmensziele Sicherheit und Gesundheit

Wesentliche Voraussetzungen für den Unternehmenserfolg einer Zeitarbeitsfirma sind zufriedene Kunden, hochwertige Leistungen, gute Arbeitsbedingungen und reibungslose Abläufe sowie motivierte und gesunde Beschäftigte. Insofern müssen Sicherheit und Gesundheit sowie gute Zusammenarbeit zu den wichtigsten Unternehmenszielen gehören, um ein Zeitarbeitsunternehmen erfolgreich, sicher und gesundheitsgerecht zu führen. Damit eine Umsetzung der Unternehmensziele erfolgen kann, sollen messbare Unternehmensziele mit integriertem Arbeitsschutz eindeutig schriftlich formuliert und allen Beschäftigten bekannt gemacht werden.[83]

Die Unternehmensziele der ARO Personalservice GmbH wurden für den Zeitraum 01/2009 bis 12/2009 schriftlich formuliert. In enger Zusammenarbeit zwischen Geschäftsführung

---

[83] Vgl. *VBG-Fachinformation,* BGI 5023, S. 9.

und Disposition wurden diese gemeinsam besprochen, vereinbart und in den Büroräumen ausgehangen. Zur Kontrolle der Zielerreichung werden von der Geschäftsführerin stichprobenartig die Dokumente, wie Arbeitnehmerüberlassungsvertrag, Begehungsprotokolle und Unterweisungsunterlagen überprüft. Wesentliche Punkte der Unternehmensziele sind wirtschaftliches Wachstum und Arbeitsschutz.

Ziele der ARO Personalservice GmbH im Bereich wirtschaftliches Wachstum sind:

- verbesserter Kundenservice in der Disposition,
- Qualifizierung im Bereich Personaldienstleistung,
- Umsatzsteigerung,
- Auftragserweiterung im europäischen Ausland und
- verbesserte Qualifikation der externen Mitarbeiter.[84]

Eine Umsetzung dieser Ziele wird durch folgende Maßnahmen erreicht:

Die Disposition wurde durch eine neue Assistentin unterstützt, damit für die Disponentin vormittags mehr Zeit für Kundenbesuche und Mitarbeitergespräche bleiben. Dabei sollen monatlich etwa 20 Kundenbesuche als Besuchsbericht für die Akte protokolliert werden und in der Kundenverwaltung von „proSoft“[85] eingepflegt werden. Im August 2008 wurden drei Auszubildende zum Personaldienstleistungskaufmann sowie ein Auszubildender zum Kaufmann für Bürokommunikation eingestellt, um so die Arbeitnehmerüberlassung mit Unterstützung der Berufsschule von Grund auf zu erlernen und das AMS von Beginn an zu begleiten. Eine weitere Maßnahme ist die Einführung eines Tagesprotokolls, das von allen internen Mitarbeitern ausgefüllt wird. Dieser Plan liegt zentral im Verwaltungsbüro und dient als Gedankenstütze für die gesamten täglichen Vorgänge in Kurzform. Des Weiteren soll durch eine verbesserte Aufteilung der Arbeitsbereiche mehr Zeit für die Akquise und für Kunden-/Interessentenbesuche bleiben, z.B. 50% für Interessenten und 50% für Kunden. Die Umsatzsteigerung soll durch Senkung der Kosten für Krankheitstage und mehr Produktivität der Mitarbeiter erreicht werden. Eine weitere Maßnahme ist das Erreichen der Zertifizierungen AMS und SCP, umso mehr Wertschätzung bei Kunden zu gewinnen sowie größere Chancen bei der Vergabe von Aufträgen zu haben. Außerdem folgt eine Auflistung der erforderlichen Rahmenbedingungen zur Zeitarbeit im europäischen Ausland (vorerst in den Niederlanden) und eine Kontaktaufnahme mit den dortigen Behörden sowie potentiellen Auftraggebern. Dafür erlernen die Geschäftsführerin und die Auszubildende die holländische Sprache, um vor Ort besser kommunizieren zu können. Mit einer vermehrten Durchführung der Kran- und Staplerschulung soll die Qualifikation der externen Mitarbeiter verbessert werden. Durch eine erhöhte Qualifikation der externen Mitarbeiter, kann eine besse-

[84] Vgl. *Unternehmensziele 01/2009 bis 12/2009 der ARO Personalservice GmbH.*

[85] Zu der Zeitarbeitssoftware *„proSoft“* siehe u.a. Kapitel 7.1.4.

re Qualität beim Kunden angeboten werden, was zwar zu einem höheren Stundenlohn führt, aber auch zu einem höheren Verrechnungssatz führen kann.

Ziele der ARO Personalservice GmbH im Bereich Arbeitsschutz sind:

- Zertifizierungen AMS und SCP,
- kontinuierliche Schulung des internen Personals,
- Gesundheitsförderung des internen Personals,
- bessere Betreuung von Kunden und externen Mitarbeitern,
- Senkung der Arbeitsunfälle von 2,3 pro Monat auf 1,5 pro Monat,
- Senkung der allgemeinen Arbeitsunfähigkeitsbescheinigungen unter dem Aspekt der Unzufriedenheit im Kundeneinsatz (psychische Belastung),
- monatliche Besprechung mit Disponenten, FASI und Geschäftsleitung,
- vierteljährliche Arbeitsschutzausschusssitzungen mit dem Arbeitsmediziner, der FASI, der Geschäftsführung und der Sicherheitsbeauftragten,
- mehrfache Nutzung der VBG-Seminare für alle Bereiche,
- mehrfache Angebote von Ersthelfer-Kursen,
- regelmäßige Überwachung durch Sicherheits-Beobachter,
- Fahrsicherheitstraining für alle Mitarbeiter, die ein KFZ führen,
- Unternehmensziele allen internen Mitarbeitern bekannt geben und
- Pflichtenübertragung der internen Mitarbeiter festlegen.[86]

Eine Umsetzung dieser Arbeitsschutzziele wird durch folgende Maßnahmen erreicht:

Durch die neue FASI erfolgt eine kompetente Unterstützung im Arbeitsschutz und bei den AMS- sowie SCP-Zertifizierungen. Eine weitere Maßnahme ist die tägliche Besprechung vor Dienstende mit der Geschäftsführung und allen internen Mitarbeitern. An Hand einer Tagesliste werden u.a. folgende Punkte besprochen: Newsletter (VBG, IGZ[87], „proSoft“[88], Presse usw.) bearbeiten und verwerten, Lob und Kritik der angefallenen Tagesaktivitäten sowie die Planung für den Folgetag und ggf. zusätzliche Aufgabenverteilung. Zur Gesundheitsförderung werden G-Untersuchungen[89] angeboten, in Räumen mit Bildschirmarbeitsplätzen werden Bildtafeln für Rückengymnastik angebracht und die Arbeitsplätze werden regelmäßig überprüft (Bestuhlung, richtige Sitzhaltung usw.). Durch eine Auswertung der

---

[86] Vgl. *Unternehmensziele 01/2009 bis 12/2009 der ARO Personalservice GmbH.*

[87] Die ARO Personalservice GmbH wendet den IGZ Tarifvertrag an.

[88] Zu der Zeitarbeitssoftware *„proSoft“* siehe u.a. Kapitel 7.1.4.

[89] Zu den *G-Untersuchungen oder arbeitsmedizinische Vorsorgeuntersuchungen* siehe Kapitel 9.2.

Arbeitsunfälle, Unfallanalysen und Beinaheunfälle sollen einige Mißstände beseitigt werden sowie zu ergreifende Maßnahmen festgelegt werden. Dafür sind alle internen Mitarbeiter sensibilisiert und eine entsprechende Betreuung der externen Mitarbeiter erfolgt. Bei der Prüfung der sozialen Bedingungen im Kundenbetrieb soll vermehrt auf die Gleichbehandlung von externen Mitarbeitern mit Stammbeschäftigten geachtet werden. Für Gespräche (Einsatzeinweisungen) mit neu disponierten externen Mitarbeitern, die sich durch den Wechsel des Arbeitsplatzes verunsichert fühlen, soll mehr Zeit zur Verfügung stehen. Bei neuen Einsätzen werden die externen Mitarbeiter begleitet und nach Dienstende erfolgt eine Auswertung des ersten Einsatztages. Hier wird auch auf die Motivation und die Über- oder Unterforderung des Mitarbeiters geachtet.

Ferner werden feste Termine für die monatliche Besprechung mit Disponenten, Fachkraft für Arbeitssicherheit und Geschäftsleitung angegeben, damit sich alle Beteiligten darauf vorbereiten können. Mit der Bestellung des Arbeitsmediziners ab November 2008, der ebenfalls in Gelsenkirchen ansässig ist, werden schnelle Termine für alle erforderlichen G-Untersuchungen[90] geplant und der vierteljährliche Arbeitsschutzausschuss findet statt. Sofern in der Ausbildung zum Personaldienstleistungskaufmann eine Schulung zum Personalentscheidungsträger (PET) nicht enthalten ist, werden die Auszubildenden für die VBG-Seminare PET A und B angemeldet. Dabei werden die Lehrinhalte an alle internen Mitarbeiter weitergegeben und evtl. im Aushang oder in Gesprächen vermittelt. Des Weiteren werden VBG-Schulungen, z.B. Rückenschule und gesundheitsfördernde Schulungen für die internen Mitarbeiter angeboten. Nachdem im September 2008 zwölf Ersthelfer geschult wurden, ist darauf zu achten, dass ausgeschiedene Mitarbeiter durch neue Ersthelfer ersetzt werden.

Außerdem wurden im September 2008 zwölf Sicherheits-Beobachter bestellt, die verstärkt auf den Arbeitsschutz beim Kunden achten. Diesbezüglich erfolgt durch die Disposition eine regelmäßige Abfrage nach Besonderheiten und ggf. eine Beseitigung der Vorfälle sowie bei Ausscheiden die Bestellung neuer Sicherheits-Beobachter. Eine weitere Maßnahme ist die Erkundung bei der VBG nach Kursen, um ein Fahrsicherheitstraining für interne und externe Mitarbeiter, die mit dem KFZ unterwegs sind, anzubieten. Mit der Unterschrift aller internen Mitarbeiter wurden die Unternehmensziele besprochen und im Büro der Geschäftsleitung sowie Disposition ausgehängt. Die internen Mitarbeiter verpflichten sich an der Umsetzung der Unternehmensziele mitzuwirken. Außerdem erhalten alle internen Mitarbeiter ein Exemplar der aktuellen Pflichtenübertragung, in der die eigenen Aufgaben sowie die der anderen internen Mitarbeiter zu erkennen sind.[91]

---

[90] Zu den *G-Untersuchungen oder arbeitsmedizinische Vorsorgeuntersuchungen* siehe Kapitel 9.2.

[91] Vgl. *Unternehmensziele 01/2009 bis 12/2009 der ARO Personalservice GmbH.*

7.1.2 Aufgaben, Verantwortungen, Anweisungen, Mittel

Um effektiv und effizient handeln zu können, muss jede Führungskraft und jeder Beschäftigte im Unternehmen das Arbeitssystem kennen und genau wissen, was seine Aufgabe und seine Verantwortung auch im Arbeitsschutz ist und welche Mittel ihm zur Verfügung stehen.[92]

Bei der ARO Personalservice GmbH erfolgte eine konkrete Benennung der Pflichten und Aufgaben aller internen Mitarbeiter. Dabei wurde eine schriftliche Pflichtenübertragung verfasst, alle internen Mitarbeiter erhielten ein aktuelles Exemplar und der Aushang in den Büroräumen erfolgte. Die internen Mitarbeiter können daraus sowohl ihre eigenen Aufgaben als auch die Aufgaben der anderen internen Mitarbeiter erkennen. Die Arbeitsplätze wurden in Geschäftsleitung, Disposition und Verwaltung aufgeteilt und die Arbeitsaufgaben, inklusive der Aufgaben im Arbeitsschutz, klar abgegrenzt und benannt. Alle anfallenden Arbeiten in den Abteilungen werden von der Geschäftsleitung regelmäßig kontrolliert. Arbeitsabläufe, die nur von der Geschäftsleitung bearbeitet werden, sind gesondert ausgewiesen. Dabei ist die Geschäftsführerin die AMS-Beauftragte und übernimmt die Einstellung von internen Mitarbeitern inklusive Arbeitsschutz sowie Arbeitssicherheit. Bei der Firma ARO ist die Disponentin sowohl Sicherheitsbeauftragte als auch Personalentscheidungsträgerin und für die Einstellung von externen Mitarbeitern inklusive Arbeitsschutz sowie Arbeitssicherheit verantwortlich. Weiterhin erfolgt eine monatliche Kontrolle des Aushanges „schwarzes Brett“ mit den geltenden staatlichen und berufsgenossenschaftlichen Regeln durch die Geschäftsführerin. Außerdem finden vierteljährliche Arbeitsschutzausschusssitzungen der Geschäftsführerin, der FASI, der Sicherheitsbeauftragten und dem Arbeitsmediziner statt. Ebenfalls erfolgt durch die Geschäftsführerin eine Kontrolle der Wartung aller elektrischen Geräte sowie der Wartung des Feuerlöschers. Einerseits sind diese alle 4 Jahre durch den TÜV bzw. durch die FASI durchzuführen, andererseits ist der Feuerlöscher alle 2 Jahre zu überprüfen.[93]

Eine monatliche Kontrolle von Verbandskasten sowie Verbandsbuch und eine monatliche Überprüfung aller Führerscheine, übernimmt die Verwaltung. Die Disposition führt jährlich bzw. nach einem Arbeitsunfall, die Wiederholungsunterweisung mit den externen Mitarbeitern durch. Dabei erfolgt eine Auswertung und Besprechung des Fragebogens für Sicherheit und Gesundheit der VBG, der vom jeweiligen externen Mitarbeiter auszufüllen ist. Des Weiteren kontrolliert die Disposition monatlich die aktuelle Zahl der Sicherheits-Beobachter und der Ersthelfer. Berichten die Sicherheits-Beobachter von Gefährdungen, erfolgt eine direkte Kontrolle sowie Bearbeitung beim Kunden. Die Zahl der Ersthelfer ist bei Bedarf durch neue Schulungen alle 2 Jahre aufzufrischen.[94]

---

[92] Vgl. *VBG-Fachinformation,* BGI 5023, S. 12 f.

[93] Vgl. *Pflichtenübertragung*, Arbeitsplatzbeschreibung der ARO Personalservice GmbH.

[94] Vgl. *Pflichtenübertragung,* Arbeitsplatzbeschreibung der ARO Personalservice GmbH.

7.1.3 Personaleinsatz

Gute Arbeit und hochwertige Arbeitsergebnisse werden im Unternehmen nur erzielt, wenn alle Beschäftigte ihren Fähigkeiten entsprechend eingesetzt werden. Dabei ist festzulegen, welche Kompetenzen und Qualifikationen für die einzelnen Arbeitsaufgaben erforderlich sind, um die Beschäftigten entsprechend einzusetzen. Es müssen auch psychische und körperliche Anforderungen beachtet werden. Weiterhin sind spezielle Nachweise über Qualifikationen und andere Voraussetzungen zu überprüfen und zu dokumentieren (z.B. Führerschein, Sachkunde-Nachweise, Gabelstapler-Ausbildung, spezielle arbeitsmedizinische Vorsorgeuntersuchungen für Bildschirmarbeiten oder Fahr- und Steuertätigkeiten). Die Beschäftigungsbeschränkungen für Jugendliche und werdende sowie stillende Mütter müssen berücksichtigt werden. Ebenfalls sind die Anforderungen des AÜG, des MuSchG und des JArbSchG zu beachten. Bei neuen Beschäftigten sind die betriebsspezifischen Qualifikationen zu vermitteln und sie sind sorgfältig einzuweisen. Mit den Beschäftigten sollen regelmäßig Gespräche über ihre Beanspruchung (Über- oder Unterforderung) geführt werden, um bei Problemen gemeinsam mit den Beschäftigten Verbesserungsmöglichkeiten der Arbeitssituation zu vereinbaren. Die Arbeiten sollen möglichst abwechslungsreich gestaltet werden und bei zeitweise besonderen Belastungen können gemeinsam mit den Beschäftigten Entlastungsphasen festgelegt werden.[95]

Bei der ARO Personalservice GmbH werden keine Beschäftigte unter 18 Jahren eingestellt, weder im internen noch im externen Bereich. Eine bessere Betreuung von Kunden und Mitarbeitern wird durch dispositive Veränderungen, z.B. durch eine zusätzliche Disponentin erreicht, damit mehr Zeit für Kundenbesuche und Mitarbeitergespräche zur Verfügung steht. Die Disponentin der Firma ARO ist auch Personalentscheidungsträgerin und hat die erforderlichen Fachkompetenzen für die zu betreuenden Berufsbereiche (Metall, Lager und Logistik) sowie Kenntnisse im Arbeitsschutz. Sie hat die PET-Schulung der VBG bereits durchlaufen und eine weitere Person ist für das Seminar in 2009 angemeldet. Die Qualifikationsnachweise (z.B. Elektriker) der externen Mitarbeiter für die Tätigkeiten sind in der Personalakte hinterlegt. Durch die arbeitsmedizinischen Vorsorgeuntersuchungen, sind die körperlichen Voraussetzungen der internen sowie externen Mitarbeiter, zur Umsetzung der Arbeitsaufgabe überprüft und dokumentiert.

7.1.4 Dokumentation

Die Maßnahmen sind zu dokumentieren, damit eine gleich bleibend gute Qualität der Arbeitsprozessgestaltung im Zeitarbeitsunternehmen erreicht wird und die Rechtssicherheit gewährleistet wird. Dabei stellt der „AMS-Dienstleister“ Arbeitshilfen und sonstige Dokumente zur Verfügung. In einem Ordner als „AMS-Handbuch“ sollte Folgendes dokumentiert werden, um den Verpflichtungen nach dem staatlichen und berufsgenossenschaftlichen Regelwerk nachzukommen:

---

[95] Vgl. *VBG-Fachinformation,* BGI 5023, S. 14 f.

- Pflichtenübertragungen,
- Ergebnisse der Beurteilung der Arbeitsbedingungen,
- durchgeführte Unterweisungen,
- eingesetzte Betriebsanweisungen,
- durchgeführte Prüfungen,
- ggf. die notwendigen und durchgeführten arbeitsmedizinischen Vorsorgeuntersuchungen,
- sicherheitstechnische und arbeitsmedizinische Betreuung.[96]

Bei der ARO Personalservice GmbH wurde mit Beginn der Umsetzung und Einführung von AMS ein solches „AMS-Handbuch" angelegt. Dort sind u.a. enthalten:

- die Unternehmensziele,
- die Pflichtenübertragungen,
- die Gefährdungsbeurteilung der ARO GmbH durch die FASI,
- die Prüfung aller elektrischen Geräte durch TÜV oder FASI,
- die Lehrgangszertifikate der Geschäftsführerin und der internen Mitarbeiter,
- die Bestellungen der Disponentin zur Personalentscheidungsträgerin und zur Sicherheitsbeauftragten,
- die Bestellungen der FASI und des Arbeitsmediziners,
- die durchgeführten arbeitsmedizinischen Vorsorgeuntersuchungen,
- die Protokolle der Arbeitsschutzausschusssitzungen und
- die Protokolle der monatlichen Besprechungen mit der FASI.

Ferner werden durchgeführte Unterweisungen der externen Mitarbeiter in den jeweiligen Personalakten dokumentiert und in der Mitarbeiterverwaltung von „proSoft" eingepflegt. Durch den Einsatz der **Zeitarbeitssoftware „proSoft"** bei der ARO Personalservice GmbH werden komplexe Abläufe schnell und fehlerfrei bewältigt. Die Zeitarbeit erfordert ein hohes Maß an Verwaltung von personellen und wirtschaftlichen Daten, die aufgrund gesetzlicher Bestimmungen fehlerfrei sein müssen. Mit der Zeitarbeitssoftware „proSoft AÜ-Office" werden Verwaltungstätigkeiten und betriebswirtschaftliche Abläufe erleichtert und kontrolliert.[97] Insofern werden bspw. Ergebnisse von Arbeitsplatzbesichtigungen in das Arbeitsplatzprofil mit „proSoft" eingetragen und stehen als gesicherte Informationen zur Verfügung. Außerdem sind in einem eigenen Mitarbeiter- bzw. Bewerberpool alle Mitarbeiter- bzw. Bewerberinformationen hinterlegt. Dabei können für die Dokumentations-

[96] Vgl. *VBG-Fachinformation,* BGI 5023, S. 16.

[97] Vgl. *Zeitarbeitssoftware proSoft,* http://www.prosoft.org.

pflicht nicht nur der Arbeitsvertrag, sondern auch Karteikarten, Personalaktendeckblatt, Qualifikationsprofile, Listen von sonstigen Personaldaten, Meldewesen Sozialversicherung und sonstiger Schriftverkehr ausgedruckt werden. Außerdem wird, mit Unterstützung der FASI der Firma ARO, die Aktualisierung der notwendigen staatlichen und berufsgenossenschaftlichen Vorschriften sichergestellt. Er stellt diese sowohl in gedruckter Form als auch über EDV bzw. Internet zur Verfügung. Bei dieser Tätigkeit wird er durch den Arbeitsmediziner unterstützt.

7.2 Arbeitsbedingungen beurteilen und Maßnahmen festlegen

7.2.1 Beurteilung der Arbeitsbedingungen

Gute Arbeitsbedingungen sind nicht nur optimale Voraussetzungen für den wirtschaftlichen Erfolg, sondern fördern auch die Zufriedenheit und damit die Leistungsbereitschaft der Beschäftigten. Um gute Arbeitsbedingungen zu schaffen, sind, ausgehend von der Zielsetzung des Zeitarbeitsunternehmens, Gefährdungen und Belastungen zu analysieren und zu beurteilen sowie entsprechende Maßnahmen auszuwählen und durchzuführen.[98]

Bei der ARO Personalservice GmbH hat die FASI die Gefährdungsbeurteilung für Büroarbeitsplätze bereits durchgeführt. Dabei wurden Tätigkeiten, Gefährdungen und die Maßnahmen dokumentiert. Es wurde bspw. eine zu geringe Beleuchtungsstärke an drei Arbeitsplätzen festgestellt. Für diese Arbeitsplätze wurden Einzelplatzleuchten bereitgestellt. Nach einer Unterweisung durch die FASI haben alle internen Beschäftigten sowie die Geschäftsführerin unterschrieben. Ferner werden den internen Beschäftigten arbeitsmedizinische Vorsorgeuntersuchungen, wie die G37 für Bildschirmarbeitsplätze, durch den externen Arbeitsmediziner der Firma ARO angeboten. Zur Gesundheitsförderung der internen Beschäftigten werden auch regelmäßige Prüfungen der Büroarbeitsplätze, bspw. in Bezug auf Bestuhlung und richtige Sitzhaltung, durchgeführt.

7.3 Planen und Beschaffen

7.3.1 Planung der Arbeitsgestaltung

Mit einem geplanten und konzeptionellen Vorgehen, können die Arbeitsabläufe präventiv gestaltet werden. Die Anschaffung von Arbeitsmitteln, wie z.B. Software, ist sorgfältig zu planen. Insofern können Zeitressourcen genutzt werden und die internen Mitarbeiter werden motiviert, weil Fehler und Störungen vermieden werden. Eine spezielle Planung, Vorbereitung und Koordination erfordern Arbeiten, die in fremden Unternehmen oder außerhalb des Unternehmens (z.B. zu Hause, im Fahrzeug, im Zug oder im Hotel) durchgeführt werden bzw. das gemeinsame Arbeiten mehrerer Firmen an einer Aufgabe. Nach einem Konzept sollen neue, vorhandene Arbeitsräume geplant und gestaltet werden, um die Bear-

[98] Vgl. *VBG-Fachinformation,* BGI 5023, S. 18 f.

beitung der Arbeitsaufgaben und die Leistungsfähigkeit der Mitarbeiter zu fördern. Dabei umfasst die Raumplanung die Raumabmessungen, die Anordnung der Arbeitsplätze, die Flächennutzung, die Verkehrswege, das Raumklima, die Beleuchtung und die Lärmeinwirkungen.

Bei der ARO Personalservice GmbH wurden mit der Pflichtenübertragung die Arbeitsabläufe zur Erledigung der Arbeitsaufgaben genau festgelegt und abgegrenzt. Außerdem finden tägliche Besprechungen vor Arbeitsaufnahme und am Ende eines Arbeitstages mit der Geschäftsleitung sowie allen internen Mitarbeitern statt. An Hand der Tagesliste werden u.a. besprochen: Newsletter (VBG, IGZ, proSoft[99], Presse usw.) bearbeiten/auswerten, Lob und Kritik der angefallenen Tagesaktivitäten, Planung für den Folgetag und ggf. zusätzliche Aufgabenverteilung. Die arbeitsplatzbezogene Unterweisung erfolgt durch den Kunden am Einsatzort. Es wird darauf geachtet, dass die Kunden wissen, dass mit Betreten des Mitarbeiters die arbeitsschutzmäßige Verantwortung einsetzt und die Mitarbeiter diesbezüglich wie die Stammbelegschaft zu behandeln sind. Bei Bedarf werden bei allen Fragen der Konzeption und Planung die FASI, der Arbeitsmediziner oder der zuständige Ansprechpartner der VBG genutzt.

7.3.2 Beschaffung von Gütern und Dienstleistungen

Bei der Beschaffung von Arbeitsmitteln, -stoffen und –materialien muss auf Qualität, Produktsicherheit und Wirtschaftlichkeit geachtet werden. Dabei ist ein sicheres, störungsfreies und wirtschaftliches Arbeiten nur mit geeigneten Arbeitsmitteln und –materialien möglich. Die Aspekte des Arbeitsschutzes müssen auch bei der Qualität von Gütern und Dienstleistungen berücksichtigt werden. Diesbezüglich müssen die eingekauften Dienstleistungen ein sicheres und gesundheitsgerechtes Arbeiten fördern. [100]

Die Auswahl der Kunden und Lieferanten muss nach Kriterien der sicheren sowie gesundheitsgerechten Leistungserbringung erfolgen. Dabei sind u.a. zu beachten:

- Nachweise der Kunden und Lieferanten (z.B. sicherheitstechnische Betreuung, Unfallquote, Managementsysteme)
- Auszeichnungen und Zertifikate (z.B. SCC/SCP[101], Qualitätsmanagement, Öko-Audit)
- Erfahrungen und Empfehlungen.[102]

---

[99] Zu der Zeitarbeitssoftware *„proSoft"* siehe u.a. Kapitel 7.1.4.

[100] Vgl. *VBG-Fachinformation,* BGI 5023, S. 23.

[101] Siehe dazu auch Kapitel 10 dieser Arbeit.

[102] Vgl. *VBG-Fachinformation,* BGI 5023, S. 23.

Bei der ARO Personalservice GmbH werden die persönlichen Schutzausrüstungen (PSA) nach der Einstellung für die externen Mitarbeiter kostenlos bereitgestellt. Handelt es sich um eine Wiedereinstellung von Mitarbeitern, die bereits zuvor bei der ARO beschäftigt waren, wird die PSA von der Disponentin (gleichzeitige PET) geprüft und nach dieser Prüfung dann entsprechend für die Einsätze freigegeben bzw. ausgetauscht und durch eine neue ersetzt. Die Aushändigung der Schutzausrüstung wird schriftlich mit Unterschrift und Datum des Mitarbeiters dokumentiert. Für die Bestellung, den Einkauf und Beschaffung sowie für die Überprüfung ist die Disponentin/PET zuständig. Sollte eine besondere PSA für einzelne Einsätze benötigt werden, wird hier die Fachkunde der FASI mit berücksichtigt. Durch einen festen Lieferanten ist eine sicherheitstechnisch einwandfreie und gekennzeichnete PSA gegeben. Teilweise wird die PSA (z.B. Schutzbrille) vom Kunden besorgt, der genauer weiß welches Modell erforderlich ist und die Kosten werden durch die Firma ARO erstattet. Es wird nur mit Kunden zusammengearbeitet, die ebenfalls alle erforderlichen Maßnahmen der Arbeitssicherheit und des Arbeitsschutzes beachten. Bei der Firma ARO werden keine Gefahrstoffe verwendet und auch keine externen Mitarbeiter werden Gefahrstoffen bei der Arbeit ausgesetzt. Außerdem werden alle elektrischen Geräte regelmäßig durch TÜV oder FASI gewartet. Die Beschaffung von Büromaterial bzw. Büromobiliar oder Geräten erfolgt unter Berücksichtigung der Einhaltung europäischer Normen, sprich CE-Zeichen oder auch eine GS-Zertifizierung ist zu berücksichtigen. Bei Bedarf werden bei der Beschaffung von Gütern und Dienstleistungen die FASI, der Arbeitsmediziner oder der Kunde hinzugezogen.

7.4 Beschäftigte informieren und beteiligen

7.4.1 Information der Beschäftigten

Damit die Beschäftigten ihre Arbeitsaufgabe produktiv, sicher und gesundheitsgerecht durchführen können, müssen vom Unternehmer alle für die Arbeitsaufgabe notwendigen Informationen zur Verfügung gestellt werden. Dazu gehören bspw. Informationen über die Arbeitsaufgabe, die Arbeitsabläufe, die Abstimmungsprozesse, die Gefährdungen und die notwendigen Schutzmaßnahmen. Durch fehlende Informationen können Unzufriedenheit, Fehler, Zeitverluste und Unfälle bei den Beschäftigten entstehen. Dabei sind regelmäßige Unterweisungen aller Beschäftigten über die Gefährdungen bei der Arbeit sowie über sicheres und gesundheitsgerechtes Arbeiten vorzunehmen und zu dokumentieren. Ferner ist sicherzustellen, dass die Beschäftigten alle Informationen erhalten, die sie für die Bewältigung ihrer Arbeitsaufgabe benötigen, z.B. staatliches und berufsgenossenschaftliches Regelwerk zur Verfügung stellen.[103]

Bei der ARO Personalservice GmbH wird bei der Einstellung der externen Mitarbeiter ein Standardprogramm zur Unterweisung abgewickelt, wobei mittels eines Laufzettels die

[103] Vgl. *VBG-Fachinformation,* BGI 5023, S. 25.

Abfolge der Schritte sichergestellt ist. Die Einstellung erfolgt durch die Geschäftsführerin oder durch die Personalentscheidungsträgerin. Mit Arbeitsvertrag wird eine Erstunterweisung (mit Merkblatt der VBG) vorgenommen und dabei dem externen Mitarbeiter deutlich gemacht, wer Ansprechpartner in Fragen des Arbeitsschutzes ist. Für die Einsatzvorbereitung werden die Fragebögen der VBG genutzt. Die konkrete Einsatzeinweisung enthält, falls erforderlich, auch Zusatzunterweisungen. Die Unterweisungen werden durch das Zeitarbeitsprogramm „proSoft“[104] unterstützt und in den Personalakten dokumentiert. Die arbeitsplatzbezogene Unterweisung erfolgt durch den Kunden am Einsatzort. Ferner werden nur Mitarbeiter eingestellt, die über hinreichende Grundlagen der deutschen Sprache verfügen. Dies ist erforderlich, um z.B. aus Zuruf in Gefahrensituationen reagieren zu können. Außerdem erfolgt am 15. jedes Monats eine Besprechung mit den externen Beschäftigten bei der Firma ARO.

Für jeden einzelnen Mitarbeiter wird ein Überlassungsvertrag mit dem Kunden geschlossen. Dieser enthält auch die Vereinbarungen zum Arbeitsschutz mit Klärung der Verantwortlichkeiten. Bei Neukunden wird der externe Mitarbeiter grds. bei jedem neuen Einsatz begleitet, um sicherzustellen, dass der Mitarbeiter alle Informationen erhält, die er für die Bewältigung seiner Arbeitsaufgabe benötigt. Im Aushang „schwarzes Brett“ befinden sich alle relevanten und aktuellen Informationen, bspw. staatliche und berufsgenossenschaftliche Regeln. Dieser wird monatlich durch die Geschäftsführerin aktualisiert und ergänzt. Gleichzeitig wird die Aktualisierung der notwendigen staatlichen und berufsgenossenschaftlichen Vorschriften durch die FASI unterstützt. Er stellt diese sowohl in gedruckter Form als auch über EDV bzw. Internet zur Verfügung.

7.4.2 Kommunikationswege

Viele Störungen, unnötige Belastungen, Ärger und Zeitverluste lassen sich vermeiden, wenn die Kommunikationswege im Unternehmen vereinbart und alle Beteiligten bekannt sind. Die Ursache von Konflikten, schlechten Stimmungen und Problemen in der Zusammenarbeit sind oft ungenügende oder nicht kooperative Kommunikation.[105]

Durch die Pflichtenübertragung (oben bereits näher beschrieben) der ARO Personalservice GmbH wurden die Kommunikationswege, mit der Verteilung und Abgrenzung der Aufgaben, auf die jeweiligen Arbeitsplätze festgelegt. Die Personalentscheidungsträgerin ist leitende Angestellte und vertritt bei Abwesenheit die Geschäftsführerin. Sie hat Entscheidungsbefugnis und ist Ansprechpartnerin für ihre Mitarbeiter. Die Firma ARO besteht aus einem kleinen jungen Team und Konflikte treten sehr selten auf.

---

[104] Zu der Zeitarbeitssoftware *„proSoft“* siehe u.a. Kapitel 7.1.4.

[105] Vgl. *VBG-Fachinformation,* BGI 5023, S. 28.

7.4.3 Beteiligung der Beschäftigten

Kaum jemand kennt die Ursachen für Probleme, Störungen und Unfälle bei der Arbeit besser als die Beschäftigten selbst. Werden die Beschäftigten glaubwürdig an der Gestaltung ihrer Arbeitsaufgabe beteiligt, bringen sie auch ihre ganzen Kompetenzen ein und zeigen hohe Leistungsbereitschaft.

Durch die tägliche Besprechung vor Dienstende bei der ARO Personalservice GmbH werden mit der Geschäftsführerin und allen internen Mitarbeitern auftretende Probleme und Störungen beseitigt sowie Verbesserungsmaßnahmen vereinbart. Des Weiteren werden Neukunden und Mitarbeiter bei jedem neuen Einsatz befragt. Dabei wird auf Zufriedenheit, Unzufriedenheit, Motivation und Über- bzw. Unterforderung geachtet. Durch die Beauftragung und Schulung von Ersthelfern sowie Sicherheitsbeobachtern ist eine zusätzliche Kontrolle möglich. Durch solche Qualifikationen, die die Firma ARO ermöglicht, wird die Beteiligung und die Leistungsbereitschaft der externen Beschäftigen gesteigert.

7.4.4 Qualifizierung und Weiterbildung

Wettbewerbsvorteile werden u.a. durch eine gute Qualität eines Zeitarbeitsunternehmens generiert. Dafür benötigen die Beschäftigten spezielle Kenntnisse und Fähigkeiten, gerade im Bereich des sicheren und gesundheitsgerechten Arbeiten. Die VBG bietet ein breites Aus- und Weiterbildungsangebot für Unternehmer, Führungskräfte und Beschäftigte in Dienstleistungsunternehmen.[106]

Bei der Firma ARO werden die fachlichen Qualifikationen für jeden Mitarbeiter mit der Zeitarbeitssoftware „proSoft“[107] hinterlegt und ein schriftlicher Qualifikationsnachweis kommt in die Personalakte. Dabei sind Kenntnisse, Qualifikationsgrad, Stationen des beruflichen Werdegangs und vereinbarte Konditionen ersichtlich. Ferner ermöglicht die ARO Personalservice GmbH die Ausbildung zum Personaldienstleistungskaufmann und zum Kaufmann für Bürokommunikation. Die Personalentscheidungsträgerin und die Geschäftsführerin besuchen regelmäßig Seminare für den Bereich Zeitarbeit der VBG. Gleichzeitig werden den Auszubildenden Seminare der VBG angeboten und den Mitarbeitern, die mit dem KFZ unterwegs sind, wird ein Fahrsicherheitstraining ermöglicht. Wie bereits erwähnt, wurden Ersthelfer sowie Sicherheitsbeobachter geschult und eine mehrfache Kran- und Staplerschulung für externe Mitarbeiter wird angeboten. Außerdem erhält die Sicherheitsbeauftragte und Personalentscheidungsträgerin regelmäßig ergänzende Schulungen. Für die Firma ARO steht die Qualität und der Arbeitsschutz an erster Stelle. Deshalb werden die AMS und SCC/SCP Zertifikate angestrebt.

---

[106] Vgl. *VBG-Fachinformation,* BGI 5023, S. 32.

[107] Zu der Zeitarbeitssoftware *„proSoft“* siehe u.a. Kapitel 7.1.4.

7.5 Betreuung organisieren und für Notfälle vorsorgen

7.5.1 Betreuung und Beratung

Um die Arbeit qualitativ hochwertig, sicher und gesund zu gestalten, haben die Führungskräfte sowie die internen Beschäftigten von Zeitarbeitsunternehmen Aufgaben und auch gesetzliche Pflichten, die sie nicht alle allein bewältigen können. Dafür benötigen sie Unterstützung. Durch die Fachkraft für Arbeitssicherheit[108], den Betriebsarzt[109] und durch sonstige Beauftragte wird die Unterstützung generiert.[110]

Die externe FASI sowie der externe Arbeitsmediziner bei der ARO Personalservice GmbH wurden beauftragt und die Verträge liegen vor. Diesbezüglich finden monatliche Besprechungen mit der FASI und der Geschäftsführerin statt sowie vierteljährliche Arbeitsschutzausschusssitzungen mit der Geschäftsführerin, der Sicherheitsbeauftragten, der FASI und dem Arbeitsmediziner. Dabei werden Arbeitsumfang sowie Aufgaben für die FASI und für den Arbeitsmediziner besprochen. Außerdem werden gemeinsame Termine für Arbeitsplatzbegehungen beim Kunden und für die arbeitsmedizinischen Vorsorgeuntersuchungen der externen Mitarbeiter festgelegt. Außerdem wird die Vorgehensweise bei einem Kundenbesuch diskutiert und ist im Einzelfall vorher abzusprechen. Die Arbeitsschutzausschusssitzungen werden von der FASI protokolliert und der Geschäftsführerin zugesandt. Wie bereits erwähnt, ist die Personalentscheidungsträgerin auch die Sicherheitsbeauftragte[111] der ARO Personalservice GmbH.

7.5.2 Erste Hilfe und Notfälle

Um die Auswirkungen von Notfällen für die Beschäftigten und die Arbeitsabläufe kalkulierbar zu halten, müssen in dem Zeitarbeitsunternehmen die Erste Hilfe und der Brandschutz organisiert sein. Bei Arbeitsunfällen und Berufskrankheiten sind bestimmte Maßnahmen einzuhalten, damit der versicherte Beschäftigte den Versicherungsschutz der VBG möglichst schnell in Anspruch nehmen kann.

Bei Arbeitsunfällen ist ein Verletzter umgehend

- zu einem Durchgangsarzt zu schicken, wenn die Verletzung zur Arbeitsunfähigkeit führt oder die Behandlungsbedürftigkeit voraussichtlich mehr als eine Woche beträgt,

---

[108] Siehe dazu auch Kapitel 8 *„Die Fachkraft für Arbeitssicherheit (FASI)"*.

[109] Siehe dazu auch Kapitel 9 *„Der Facharzt für Arbeitsmedizin"*.

[110] Vgl. *VBG-Fachinformation*, BGI 5023, S. 34.

[111] Siehe dazu auch Kapitel 8.2 *„Die FASI und die Sicherheitsbeauftragte der ARO GmbH"*.

- in eines der von den Berufsgenossenschaften bezeichneten Krankenhäuser zu überführen, wenn eine schwere Verletzung vorliegt.[112]

Bei der ARO Personalservice GmbH wurden im September 2008 zwölf Ersthelfer (auch externe Mitarbeiter) geschult. Diesbezüglich wird darauf geachtet, dass ausgeschiedene Mitarbeiter durch neue Ersthelfer ersetzt werden. Zusätzlich berichten zwölf Sicherheits-Beobachter, aus dem Kreis der externen Mitarbeiter, über Vorkommnisse/Ereignisse in den Entleihbetrieben direkt an die Disponentin. Die Geschäftsführerin ist die Brandschutzbeauftragte der Firma ARO. Das Lehrgangszertifikat für Brandschutz und die Anleitung zur Ersten Hilfen sind am „schwarzen Brett" ausgehängt. Die notwendigen Erste-Hilfe-Maßnahmen beim Kunden sind Bestandteil des Arbeitnehmerüberlassungsvertrages. Bei Arbeitsunfällen und Berufskrankheiten wird, mit Unterstützung der Software „proSoft", die Unfallanzeige[113] bzw. Berufskrankheiten-Anzeige[114] ausgefüllt und an die VBG geschickt. Ziel der ARO GmbH ist es, die Arbeitsunfälle von 2,3 pro Monat auf 1,5 pro Monat zu senken. Diesbezüglich erfolgt die Auswertung der Unfälle und Beinahunfälle mit der FASI und alle internen Mitarbeiter sind sensibilisiert und betreuen die externen Mitarbeiter dahingehend.

7.6 Prüfen und Verbessern

7.6.1 Prüfung der Arbeitsmittel und Einrichtungen

Arbeitsmittel, wie Geräte und Maschinen, aber auch persönliche Schutzausrüstungen oder andere Einrichtungen können nur zuverlässig und sicher eingesetzt werden, wenn sie regelmäßig geprüft werden. In der Beurteilung der Arbeitsbedingungen (siehe Kapitel 7.2.1) wurde festgelegt, welche Arbeitsmittel und Einrichtungen wann und von wem zu überprüfen sind.[115]

Die FASI der ARO Personalservice GmbH hat bereits eine Gefährdungsbeurteilung der Büroarbeitsplätze vorgenommen. Außerdem wurden von der FASI bzw. vom TÜV alle elektrischen Arbeits- und Betriebsmittel überprüft und durch eine Prüfplakette dokumentiert. Die Geschäftsführerin überwacht die Wartung aller elektrischen Geräte durch TÜV bzw. FASI und wird durch die Zeitarbeitssoftware „proSoft" rechtzeitig (alle 4 Jahre) erinnert. Außerdem werden mit „proSoft"[116] die ausgehändigten persönlichen Schutzausrüstungen mit dem Namen des Mitarbeiters sowie mit dem aktuellen Datum dokumentiert. Ebenso kontrolliert die Geschäftsführerin monatlich den Aushang „schwarzes Brett" und die

---

[112] Vgl. *VBG-Fachinformation*, BGI 5023, S. 37.

[113] *Unfallanzeige der VBG,* Anhang 13.2.

[114] *Berufskrankheitenanzeige der VBG,* Anhang 13.3.

[115] Vgl. *VBG-Fachinformation,* BGI 5023, S. 39.

[116] Zu der Zeitarbeitssoftware *„proSoft"* siehe u.a. Kapitel 7.1.4.

Wartung des Feuerlöschers (alle 2 Jahre). Der Kaufmann für Bürokommunikation übernimmt die monatliche Prüfung aller Führerscheine, insbesondere des Fahrdienstes. Er kontrolliert auch monatlich den Verbandskasten und das Verbandsbuch.

7.6.2 Wirksamkeitskontrolle und Verbesserung der beschlossenen Maßnahmen

Um eine dauerhaft erfolgreiche Organisation der Arbeitsprozesse zu gewährleisten, sind die Durchführung und der Erfolg dieser Maßnahmen regelmäßig zu kontrollieren sowie präventiv neue Maßnahmen zur Verbesserung festzulegen.

Gemeinsam mit der Geschäftsführerin der ARO Personalservice GmbH und den internen Beschäftigten wurden Ergebnisse für die Maßnahmen der Unternehmensziele geplant. Dabei wird überprüft, wie wirksam die geplanten Maßnahmen durchgeführt worden sind, welche Probleme bestehen und wie diese beseitigt werden können. Gegenüber dem ersten Audit wurden die Arbeitsplatzbegehungsprotokolle deutlich überarbeitet und verbessert. Diese Arbeitsplatzbesichtigungs-Protokolle[117] der ARO Personalservice GmbH weisen, laut der VBG, jetzt einen sehr guten Standard auf, denn neben der Beschreibung der Gefährdung sind abgeleitete Maßnahmen vorgesehen und beschrieben.

7.7 Verbesserung des AMS vornehmen

7.7.1 Bewertung des „AMS-Dienstleister"

Mit den ersten sechs Prozessschritten des „AMS-Dienstleister" ist es möglich, ein Arbeitsschutzmanagementsystem in dem Zeitarbeitsunternehmen aufzubauen. Das AMS hilft, die Gestaltung der Arbeit in dem Unternehmen kontinuierlich zu verbessern. Um die Wirkung des AMS in den Arbeitsprozessen feststellen zu können, muss das System regelmäßig bewertet und überprüft werden. Die Bewertung des „AMS-Dienstleister" kann mit Hilfe der VBG-Auditfrageliste – Handlungshilfe Audit auf zwei Arten durchgeführt werden:

- intern durch den AMS-Beauftragten und/oder
- extern von Dritten wie bspw. von geschulten Auditoren oder auch einer externen Fachkraft für Arbeitssicherheit.[118]

Die Begutachtung des Arbeitsschutzmanagementsystems wurde am 09.12.2008 bei der ARO Personalservice GmbH durch zwei technische Aufsichtspersonen der VBG, als externe Auditoren, durchgeführt. Teilnehmer waren die Geschäftsführerin, alle internen Mitarbeiter sowie zwei externe Mitarbeiter. Das AMS der Firma ARO orientiert sich am Leitfa-

---

[117] *Arbeitsplatzbesichtigungs-Protokoll der ARO Personalservice GmbH,* Anhang 13.1.

[118] Vgl. *VBG-Fachinformation,* BGI 5023, S. 43.

den „AMS-Dienstleister“ der VBG. Eine spätere Anpassung an SCC/SCP[119] ist geplant. Wesentliches Ziel der Unternehmensleitlinien der ARO GmbH ist, das Arbeiten mit gesunden Mitarbeitern in einem gesunden Unternehmen. Für eine abschließende Begutachtung sind insbesondere folgende Abweichungen zu erledigen:

- Überprüfung der Zielerreichung (messbare Unterziele zu den Unternehmenszielen)
- Überarbeitung der Beurteilung der Arbeitsbedingungen, insbesondere der externen Mitarbeiter durch Erfassung aller Gefährdungsfaktoren und dem Ableiten der notwendigen Maßnahmen (z.B. persönliche Schutzausrüstung, Vorsorgeuntersuchungen)
- Einbindung der Fachkraft für Arbeitssicherheit und des Betriebsarztes in die relevanten Prozesse (z.B. Beschaffung, Personalqualifikation)
- Regelung zur Ermittlung der relevanten staatlichen und berufsgenossenschaftlichen Regelwerke
- Eindeutige Regelung zur Aktualisierung und Führung der Dokumente und Formulare
- Regelung zur Wirksamkeitskontrolle beschlossener Maßnahmen, insbesondere bezüglich der internen und externen Arbeitsplätze
- Regelung der durchzuführenden jährlichen internen Audits
- Dokumentation der Qualifikationsnachweise in den Personalakten
- Durchführung und Dokumentation der notwendigen arbeitsmedizinischen Vorsorgeuntersuchen
- Durchführen der Arbeitsschutzausschusssitzungen unter Einbeziehung aller relevanten Beteiligten (insbesondere auch den Sicherheitsbeauftragten und Betriebsarzt)
- Prüfung der ortfesten elektrischen Betriebsmittel.[120]

Das Arbeitsschutzmanagementsystem (AMS) der Firma ARO orientiert sich am Leitfaden „AMS-Dienstleister“ der VBG. Die externen Auditoren der VBG bemängelten geringe Abweichungen und die Geschäftsführerin als AMS-Beauftragte nahm diesbezügliche Korrekturen sowie Verbesserungen vor. Die Nachbegutachtung und Ausstellung der Bescheinigung[121] durch die VBG erfolgte am 14.04.2009 bei der ARO Personalservice GmbH.

---

[119] Siehe dazu auch Kapitel 10 in dieser Arbeit.

[120] Vgl. *Begutachtungsbericht der VBG* vom 29.12.2008.

[121] *AMS-Zertifikat der ARO Personalservice GmbH,* Anhang 13.10.

7.7.2 Kontinuierliche Verbesserung

Der „AMS-Dienstleister“ muss kontinuierlich verbessert werden. Damit sich die Möglichkeiten des AMS für eine optimale präventive Gestaltung der Arbeit nutzen lassen, muss das gesamte Arbeitsschutzmanagementsystem kontinuierlich an die neuen Maßnahmen angepasst und verbessert werden.[122] Das AMS-Zertifikat hat 3 Jahre Gültigkeit und wird jährlich in Form von internen Audits durch den AMS-Beauftragten überprüft. Die Geschäftsführerin der Firma ARO führt als AMS-Beauftragte einmal pro Jahr ein internes Audit unter Beteiligung der Fachkraft für Arbeitssicherheit durch. Die Gefährdungsbeurteilung für das Büro wurde seit dem letzten Audit erneut durchgeführt. Diese wurde individuell auf die einzelnen Arbeitsplätze angepasst und durchgeführt.

Die VBG bescheinigte dem Unternehmen ARO Personalservice GmbH die Anforderungen an den systematischen und wirksamen Arbeitsschutz auf der Basis des „AMS-Dienstleister“ und somit des NLF/ILO-OSH 2001 zu erfüllen. Die Begutachtung am 09.12.2008 und 14.04.2009 erfolgte auf der Basis der „BG-Verfahrensgrundsätze zur Begutachtung von Arbeitsschutzmanagementsystemen (AMS)“. Diese Bescheinigung ist gültig bis zum 30.04.2012.

---

[122] Vgl. *VBG-Fachinformation,* BGI 5023, S. 46.

8 Die Fachkraft für Arbeitssicherheit (FASI)[123]

8.1 Aufgaben und Rolle der FASI

Seit Mitte der siebziger Jahre formuliert das Gesetz über Betriebsärzte, Sicherheitsingenieure und andere Fachkräfte für Arbeitssicherheit (ASiG) einen umfassenden Auftrag für Fachkräfte für Arbeitssicherheit. Das ASiG gilt in vollem Umfang auch für Betriebe der Arbeitnehmerüberlassung. Damit für die Beschäftigten in den Betrieben ein hohes Qualitätsniveau der Betreuung gewährleistet werden kann, ist ein bestmöglicher präventiver Arbeitsschutz erforderlich.[124]

Die FASI ist zuständig für den Arbeitsschutz im Unternehmen und beschäftigt sie sich mit der Sicherheit sowie der Gesundheit der Beschäftigten bei der Arbeit. Die wesentliche Grundlage der FASI bildet ein ganzheitliches Verständnis von Arbeitsschutz. Neben der Verhütung von Unfällen und Berufskrankheiten, zählen auch die Verhütung von arbeitsbedingten Gesundheitsgefahren sowie die Maßnahmen zur menschengerechten Gestaltung der Arbeit zu den Aufgaben der FASI. Damit sollen Sicherheit und Gesundheitsschutz der Beschäftigten bei der Arbeit nachhaltig verbessert und langfristig gesichert werden.[125]

Eine Verknüpfung der Technik, der Arbeitsorganisation, sonstiger Arbeitsbedingungen, der sozialen Beziehungen und dem Einfluss der Umwelt ist dabei notwendig. Das ganze Arbeitssystem mit allen Elementen muss in die Betrachtung einfließen. Dabei hat die Prävention immer Vorrang gegenüber der nachträglichen Korrektur von Mängeln. So sind bereits im Planungsstadium bei organisatorischen Maßnahmen, bei Beschaffungs- oder Baumaßnahmen die Anforderungen an Arbeitssicherheit und Gesundheitsschutz zu beachten. Damit lassen sich nicht nur gesundheitliche Risiken für die Beschäftigten verringern, sondern auch Kosten für evtl. nachträglich erforderliche Nachbesserungen reduzieren.[126]

Außerdem hat die FASI folgende Aufgaben:

- Gestaltung der Arbeitsprozesse, um günstige Bedingungen aller Beschäftigten zu schaffen,
- Maßnahmen zum Schutz der Gesundheit aller Beschäftigten,
- Vermeidung von Gefahren bei Maschinen, Anlagen und Geräten,
- Gestaltung von Arbeitsplätzen und Arbeitsabläufen im Sinne des Arbeitsschutzes,

[123] *„Fachkraft für Arbeitssicherheit (FASI)"* ist identisch mit der alten Bezeichnung *„Sicherheitsfachkraft (SiFA)"*.

[124] Vgl. *Wienhold,* Qualität des Handelns der Fachkräfte für Arbeitssicherheit, 2005, S. 9.

[125] Vgl. *VBG-Informationen* zur Ausbildung als Fachkraft für Arbeitssicherheit, S. 2 f.

[126] Ebd.

- Stärkung des Stellenwertes von Arbeitssicherheit und Gesundheitsschutz im Unternehmen und
- Verknüpfung von Wirtschaftlichkeit und Arbeitsschutz im Unternehmen.[127]

In den §§ 5, 6 und 7 ASiG ist die Funktion der FASI beschrieben. Sie ist wichtiger Berater des Unternehmers in Sachen Arbeitsschutz und unterstützt ihn bei der Wahrnehmung seiner Verantwortung für die Sicherheit und Gesundheit seiner Beschäftigten. Als Beitrag zum Unternehmenserfolg ist Arbeitssicherheit und Gesundheitsschutz der Beschäftigten in alle betrieblichen Tätigkeiten, Strukturen und Prozesse mit einzubeziehen. Insofern bildet der Arbeitsschutz einen Bestandteil von Unternehmensstrategien, Unternehmensführung und Unternehmensorganisation. Die FASI soll als „Arbeitsschutzmanager" den Unternehmer dabei unterstützen, den Arbeitsschutz auf allen betrieblichen Ebenen zu verankern und den Unternehmer bei der sicheren und gesundheitsgerechten Gestaltung der betrieblichen Arbeitssysteme zu beraten. Dabei muss sie flexibel auf die Entwicklung von Technik und Arbeitswelt reagieren und den betrieblichen Arbeitsschutz ständig an neue Anforderungen anpassen. Unter der aktiven Einbeziehung aller Beschäftigten werden Lösungen im Betrieb entwickelt und gemeinsam umgesetzt.

Nach § 8 Abs. 1 ASiG sind die Sicherheitskräfte und Betriebsärzte fachlich weisungsfrei. Auch der Leiter des Betriebs, dem die Sicherheitsfachkräfte/Betriebsärzte unterstellt sind, darf ihnen keine fachlichen Weisungen erteilen.[128]

Anforderungen an die FASI sind u.a.:

- Kenntnisse über rechtliche Vorgaben,
- Kenntnisse über technische Anforderungen bei der sicheren und gesundheitsgerechten Gestaltung von Arbeitsplätzen und –systemen,
- Wissen über psychische und soziale Zusammenhänge und
- Wissen über ganzheitliche Arbeitssystemgestaltung.

Ferner muss die FASI Möglichkeiten der Informationsbeschaffung und –verarbeitung zum Themenbereich Arbeitsschutz, z.B. mit Hilfe neuer Medien und Technologien, kennen. Eine Zusammenarbeit mit verschiedenen Personengruppen im Unternehmen ist notwendig, um die Anliegen des Arbeitsschutzes überzeugend und wirkungsvoll zu vermitteln. Insofern werden an die FASI auch Anforderungen zur Kooperation, Kommunikation und zum Dialog gestellt.

---

[127] Vgl. *VBG-Informationen* zur Ausbildung als Fachkraft für Arbeitssicherheit, S. 3.

[128] Vgl. *Pulte,* NZA Heft 5/2000, S. 236.

Folgende Schritte sind bei der betrieblichen Umsetzung des Arbeitsschutzes von der FASI zu gehen:

- Situationsanalyse auf mögliche Gefährdungen am Arbeitsplatz,
- Risikobeurteilung dieser Gefährdungen,
- Bestimmung der Ziele für den Erhalt von Sicherheit und Gesundheit der Beschäftigten im Unternehmen,
- Lösungsansätze zur Zielverwirklichung entwickeln,
- Beratung des Unternehmers bei der Auswahl einer Lösung,
- Unterstützung des Unternehmers bei der Um- und Durchsetzung und
- Kontrolle der Wirksamkeit der eingeführten Maßnahmen.[129]

Der Gesetzgeber fordert in § 7 ASiG den Nachweis der sicherheitstechnischen Fachkunde. Diese liegt vor bei beruflicher Qualifikation als Ingenieur, Techniker oder Meister (gleichwertige Funktionen können ggf. von der Berufsgenossenschaft anerkannt werden), mindestens zweijähriger beruflicher Praxis und bei einer erfolgreich abgeschlossenen Ausbildung zur FASI. Weiterhin sind in der Unfallverhütungsvorschrift BGV A1 die Grundsätze der Prävention geregelt. Nach § 19 BGV A1 hat der Unternehmer Fachkräfte für Arbeitssicherheit und Betriebsärzte zu bestellen und die Zusammenarbeit zu fördern.

8.2 Die FASI und die Sicherheitsbeauftragte bei der ARO Personalservice GmbH

Wie bereits erwähnt, ist die FASI, eine durch das ASiG vorgeschriebene Stelle im Unternehmen. Die zentrale Aufgabe der externen FASI bei der ARO Personalservice GmbH ist es, eine Unterstützung bei der Umsetzung des Arbeitsschutzes zu bieten. In Absprache mit dem Kundenunternehmen ist die FASI oft vor Ort, überprüft in regelmäßigen Abständen die Sicherheit der Arbeitsplätze und achtet darauf, dass die Arbeitsschutzkleidung der ARO-Mitarbeiter vorschriftsmäßig getragen wird. Des Weiteren finden vierteljährliche Arbeitsschutzausschusssitzungen mit der FASI, der Geschäftsführerin, der Sicherheitsbeauftragten und dem Arbeitsmediziner statt. Der Arbeitsschutzausschuss hat nach § 11 ASiG die Aufgabe, im Bereich des Arbeitsschutzes und der Unfallverhütung zu beraten. Ebenfalls finden im Arbeitsschutzausschuss die Analyse des Unfallgeschehens, die Auswertung von Gefährdungsbeurteilungen und die Koordinierung von Maßnahmen zur Arbeitssicherheit und zum Gesundheitsschutz statt. Auch bei der Firma ARO finden vierteljährliche Arbeitsschutzausschusssitzungen statt und die FASI protokolliert diese Berichte, um die Dokumentationspflicht sicherzustellen.

[129] Vgl. *VBG-Informationen* zur Ausbildung als Fachkraft für Arbeitssicherheit, S. 5.

Ferner ist die Disponentin der ARO Personalservice GmbH die Sicherheitsbeauftragte und die Personalentscheidungsträgerin. Die Sicherheitsbeauftragte ist gem. § 22 SGB VII und gem. § 20 der UVV (BGV A 1) „Grundsätze der Prävention“ zu bestellen, wenn in dem Unternehmen bzw. der Dienststelle mehr als 20 Beschäftigte tätig sind[130]. Sicherheitsbeauftragte haben ähnlich wie die Sicherheitsfachkräfte eine beratende und unterstützende Funktion. Nach § 22 Abs. 2 SGB VII hat die Sicherheitsbeauftragte die Geschäftsführerin bei der Durchführung der Maßnahmen zur Verhütung von Arbeitsunfällen und Berufskrankheiten zu unterstützen, insbesondere sich von dem Vorhandensein und der ordnungsgemäßen Benutzung der vorgeschriebenen Schutzeinrichtungen und persönlichen Schutzausrüstungen zu überzeugen sowie auf Unfall- und Gesundheitsgefahren für alle ARO-Mitarbeiter aufmerksam zu machen. Durch die Teilnahme an den VBG-Seminaren werden die Disponenten und die Sicherheitsbeauftragte der ARO Personalservice GmbH regelmäßig geschult.

Anzahl der Beschäftigten	**Anzahl der Sicherheitsbeauftragten**
mehr als 20 bis 150	mindestens 1
mehr als 150 bis 500	mindestens 2
mehr als 500 bis 1.000	mindestens 3
für jede weiteren 500	mindestens 1 zusätzlich

Abb. 6: Zahl der Sicherheitsbeauftragten

Quelle: **Anlage 2 zu § 20 Abs. 1 BGV A1: Unfallverhütungsvorschrift „Grundsätze der Prävention“**

[130] Vgl. *Pulte,* Betriebsgröße und Betriebszugehörigkeit, 2002, S. 62 ff.

9 Der Facharzt für Arbeitsmedizin[131]

9.1 Aufgaben und Rolle des Arbeitsmediziners

Die Rechtsgrundlagen für die Bestellung von Betriebsärzten finden sich im ASiG und den hierzu erlassenen Unfallverhütungsvorschriften. Diesbezüglich sind nach § 1 ASiG, nach § 19 BGV A1 und nach § 2 BGV A2 vom Verleiher als Arbeitgeber auch die Betriebsärzte zu bestellen. Dabei hat der Verleiher die Zusammenarbeit der Fachkräfte für Arbeitssicherheit sowie der Betriebsärzte zu fördern und diese sollen den Verleiher beim Arbeitsschutz und bei der Unfallverhütung unterstützen. Die Betriebsärzte sind vom Verleiher schriftlich zu bestellen und ihnen sind die in § 3 ASiG genannten Aufgaben zu übertragen.

Zu den Aufgaben des Betriebsarztes gehören:

- Beratung des Arbeitgebers und der sonst für den Arbeitsschutz verantwortlichen Personen,
- Beratung bei der Planung, Ausführung und Unterhaltung von Betriebsanlagen und sonstigen sozialen sowie sanitären Einrichtungen,
- Beratung bei der Beschaffung von technischen Arbeitsmitteln und bei der Einführung von Arbeitsverfahren sowie Arbeitsstoffen,
- Beratung bei der Auswahl und Erprobung von Körperschutzmitteln,
- Beratung bei arbeitsphysiologischen, arbeitspsychologischen und sonstigen ergonomischen sowie arbeitshygienischen Fragen,
- Beratung bei der Organisation der Ersten Hilfe,
- Beratung bei Fragen des Arbeitsplatzwechsels sowie der Eingliederung und Wiedereingliederung Behinderter in den Arbeitsprozess,
- Untersuchung, arbeitsmedizinische Beurteilung und Beratung der Arbeitnehmer.[132]

Ferner hat der Betriebsarzt zusammen mit der FASI folgende Aufgaben:

- Beobachtung der Durchführung des Arbeitsschutzes und der Unfallverhütung,
- Verhaltungsbeeinflussung (Unterweisung, Anleitung) hinsichtlich des Arbeitsschutzes aller Beschäftigten im Betrieb und dementsprechende Schulungen,
- Regelmäßige Fortbildung unter Berücksichtigung der betrieblichen Belange,
- Zusammenarbeit mit dem Betriebsrat (falls vorhanden),
- Zusammenarbeit von Betriebsarzt und Fachkraft für Arbeitssicherheit, insbesondere bei gemeinsamen Betriebsbegehungen,

---

[131] Die Bezeichnung *„Arbeitsmediziner"* ist in der heutigen Praxis gebräuchlicher und komplementär zum, im Gesetz verwendeten Begriff, Betriebsarzt.

[132] Vgl. *Pulte,* Betriebsbeauftragte in der Wirtschaft, 2000, S. 127.

- Mitwirkung im Arbeitsschutzausschuss und
- Beratung des Arbeitgebers in Fragen der Gefährdungsbeurteilung.[133]

Die Betriebsärzte haben zusätzlich die Aufgabe, arbeitsmedizinische Untersuchungen durchzuführen. Die erforderliche Einsatzzeit ist die Arbeitszeit, die der Betriebsarzt gem. VBG zu leisten hat und beträgt 0,8 Stunden/Jahr je Arbeitnehmer. Diese Zeit muss dem Betriebsarzt zur Erfüllung seiner Aufgaben für den Betrieb je Jahr und Arbeitnehmer mindestens zur Verfügung stehen, z.B. für arbeitmedizinische Vorsorgeuntersuchungen.

Die Einsatzzeiten ergeben sich aus den Merkmalen der nachstehenden Tabelle:

Betriebsart		Erforderliche Einsatzzeit der	
		Betriebs-ärzte	Fachkräfte für Arbeits-sicherheit
		in Stunden je Jahr je Arbeit-nehmer	
1	Alle Betriebe, die nicht unter Nr. 2 bis 7 einzuordnen sind	0,20	0,30
2	Technische Überwachung, Ingenieurbüros mit Versuchseinrichtungen, Rundfunk- und Fernsehanstalten, Wohnungsverwaltungen mit Regiebetrieben	0,25	0,80
3	Schulen und Ausbildungsstätten für die berufliche Aus- und Fortbildung	0,25	1,00
4	Theater, Werbetriebe mit Produktionseinrichtungen, Wissenschaftliche Institute mit Laboratorien, Zoologische Gärten, Wild- und Safariparks, Tierheime	0,50	1,40
5	Bewachungsbetriebe	0,20	1,80

[133] Ebd.

6	Betriebe für Arbeitnehmerüberlassung **a)** für Arbeitnehmer, die ausschließlich in kaufmännischen und verwaltenden Unternehmensteilen der Verleiher und Entleiher eingesetzt sind und ausschließlich kaufmännische und verwaltende Tätigkeiten verrichten	0,20	0,30
	b) für Arbeitnehmer, die nicht die unter 6a) genannten Bedingungen erfüllen	0,80	3,00
7	Betriebe mit technischen Bereichen, die nicht unter Nr. 2 bis 6 erfasst sind und in denen Arbeitnehmer beschäftigt sind, bei denen aufgrund ihrer Tätigkeit eine besondere Unfallgefahr für sie selbst oder Dritte vorliegt, oder eine Berufskrankheit vorzubeugen ist	0,50	1,20

Abb. 7: Betriebsärztliche und sicherheitstechnische Regelbetreuung in Betrieben mit mehr als 10 Beschäftigten

Quelle: Unfallverhütungsvorschrift: Betriebsärzte und Fachkräfte für Arbeitssicherheit (BGV A2)

9.2 Arbeitsmedizinische Vorsorgeuntersuchungen (G-Untersuchungen)

Die arbeitsmedizinischen Vorsorgeuntersuchungen (Pflicht- und Angebotsuntersuchungen) erfolgen als Erstuntersuchung vor Aufnahme einer gefährdenden Tätigkeit. Sie dienen der Früherkennung und Vorbeugung arbeitsbedingter Erkrankungen oder Berufskrankheiten. Für diese arbeitsmedizinischen Vorsorgeuntersuchungen hat der Arbeitnehmer einen Arzt zu beauftragen, der Facharzt für Arbeitsmedizin ist oder die Zusatzbezeichnung „Betriebsmedizin" führt. Die Nachuntersuchungen werden in regelmäßigen Abständen während dieser Tätigkeit, bei Beendigung dieser Tätigkeit und bei Tätigkeiten mit krebserzeugenden oder erbgutverändernden Stoffen durchgeführt.[134]

Ferner gibt es Untersuchungen aus besonderem Anlass, etwa dann, wenn sich Beschäftigte eine Erkrankung zugezogen haben, die auf Tätigkeiten mit Gefahrstoffen zurückzuführen sein kann. Die arbeitsmedizinischen Vorsorgeuntersuchen bei einer Belastung durch Gefahrstoffe sind in der Gefahrstoffverordnung (Biostoffverordnung, Gentechnik-Sicherheitsverordnung, Lärm- und Vibrations-Arbeitsschutzverordnung oder Röntgen- und

[134] Vgl. VBG-Sicherheitsreport, 2/2008, *Dr. med. Petersen,* S. 22 f.

Strahlenschutzverordnung u.a.) geregelt.[135] Die Nach- und besondere Untersuchungen stellen Angebotsuntersuchungen dar, für die die Teilnahme der Mitarbeiter freiwillig ist. Die Pflichtuntersuchungen sind die Voraussetzung für die Beschäftigung oder Weiterbeschäftigung mit den entsprechenden Tätigkeiten.[136] Diese speziellen Vorsorgeuntersuchungen werden bei arbeitsplatzbedingt gesteigerten Gefahren vorgesehen. Ziel der Untersuchung ist die Feststellung, ob die Beschäftigung des Arbeitnehmers auf dem konkreten Arbeitsplatz gesundheitlich unbedenklich ist. Dabei führt die fehlende Unbedenklichkeitsbescheinigung zu einem Beschäftigungsverbot, das der Arbeitgeber zur Vermeidung von Ordnungsmaßnahmen zu beachten hat. Auch der Arbeitnehmer unterliegt bei einer Verweigerung der Untersuchung einem Beschäftigungsverbot. Ferner sind dem Arbeitnehmer gesundheitliche Bedenken gegen einen Verbleib am Arbeitsplatz, unter Mitteilung des Untersuchungsbefundes offenzulegen und er ist schriftlich medizinisch zu beraten. Außerdem ist das Untersuchungsergebnis dem Arbeitgeber mitzuteilen und, falls die Gesundheitsgefährdung arbeitsplatzbedingt ist, gleichzeitig eine Überprüfung des Arbeitsplatzes zu empfehlen. Jedoch unterliegen sämtliche Befunde und Informationen der ärztlichen Schweigepflicht. Die Ergebnismitteilung an den Arbeitgeber hat sich auf die Aussage zu beschränken, ob gesundheitliche Bedenken vorliegen oder nicht oder ob bestimmte Auflagen bei der Tätigkeit zu beachten sind.[137]

Relevante arbeitsmedizinische Vorsorgeuntersuchungen der ARO sind:

- G 20 = Lärm: ortsbezogener Beurteilungspegel $\geq$ 80 dB(A)
- G 25 = Fahr-, Steuer- und Überwachungstätigkeiten: Staplerfahrer, Kranführer, Kraftfahrer, Maschinenführer
- G 37 = Bildschirmarbeitsplätze: jeder Beschäftigte, der gewöhnlich bei einem nicht unwesentlichen Teil seiner normalen Tätigkeit einen Bildschirm benutzt[138]

Diese Vorsorgeuntersuchungen führt der externe Arbeitsmediziner der ARO Personalservice GmbH durch. Arbeiten, bei denen Atemschutzgeräte vorgeschrieben sind oder Arbeiten mit Absturzgefahr werden von der Firma ARO als zu gefährlich eingestuft und den externen Mitarbeitern nicht zugemutet.

Die Vorsorgeuntersuchungen laufen wie folgt ab:

- die Begehung oder die Kenntnis des Arbeitsplatzes durch den Arzt,
- die arbeitsmedizinische Befragung und Untersuchung des Beschäftigten,

---

[135] Ebd.

[136] Vgl. *Ingenieurbüro Diemer,* Arbeitssicherheit & Arbeitsmedizin, *http://www.diemer-ing.de*

[137] Vgl. *Küttner,* Personalbuch 2008, Gesundheitsvorsorge 204, Rn. 4 ff.

[138] Vgl. *AQ-Ingenieurgesellschaft,* arbeitsmedizinische Vorsorgeuntersuchungen.

- die Beurteilung des Gesundheitszustands der Beschäftigten unter Berücksichtigung der Arbeitsplatzverhältnisse,
- die individuelle arbeitsmedizinische Beratung und
- die Dokumentation der Untersuchungsergebnisse.[139]

Bei der individuellen arbeitsmedizinischen Beratung werden auch abweichende Befunde, wie erhöhte Blutzucker- oder Blutfettwerte, ein erhöhter Blutdruck oder auffällige EKG-Befunde besprochen und Maßnahmen über den Hausarzt eingeleitet. Dabei erhalten die Beschäftigten auch Informationen und Tipps für einen gesunden Lebensstil.

Am 24. Dezember 2008 ist die neue Verordnung zur arbeitsmedizinischen Vorsorge ***(ArbMedVV)*** in Kraft getreten. Danach begeht ein Arbeitgeber bzw. dessen Vertreter (Disponent), wenn er

- eine Pflichtuntersuchung nicht oder nicht rechtzeitig veranlasst,
- eine Tätigkeit ausüben lässt, für die eine Pflichtuntersuchung vorgeschrieben ist,
- die Vorsorgekartei nicht, nicht richtig oder nicht vollständig führt,
- eine Angebotsuntersuchung nicht oder nicht rechtzeitig anbietet,

eine Ordnungswidrigkeit. Wer durch die o.g. Handlungen Leben oder Gesundheit der Beschäftigten gefährdet, macht sich nach § 26 Abs. 1 ArbSchG ggf. strafbar. Im Falle eines vorsätzlichen Verstoßes gegen die in §§ 4 und 5 ArbMedVV genannten Pflichten droht eine Freiheitsstrafe, die bis zu einem Jahr betragen kann. Außerdem ist eine Geldstrafe möglich.[140]

Die Regelungen im staatlichen Recht und in Unfallverhütungsvorschriften der Berufsgenossenschaften werden mit der ArbMedVV vereinheitlicht und zusammengeführt. Damit werden die Pflichten von Arbeitgebern und Ärzten geregelt und die Pflicht- und Angebotsuntersuchtungen transparenter gemacht. Laut der ArbMedVV sind für die Beschäftigten neben Pflichtuntersuchtungen, auch Angebots- sowie Wunschuntersuchungen vorgesehen. Gemäß § 2 Abs. 5 ArbMedVV sind Wunschuntersuchungen „arbeitsmedizinische Vorsorgeuntersuchungen, die der Arbeitgeber den Beschäftigten nach § 11 des ArbSchG zu ermöglichen hat". Dadurch soll das Recht der Arbeitnehmer auf diese Wunschuntersuchungen gestärkt werden, um Verbesserungen in derzeit noch zu wenig beachteten Bereichen, wie den Muskel-Skelett-Erkrankungen, zu erreichen.

---

[139] Vgl. VBG-Sicherheitsreport, 2/2008, *Dr. med. Petersen,* S. 22 f.

[140] *IGZ-Hinweis* zur arbeitsmedizinischen Vorsorge für die ARO Personalservice GmbH.

9.3 Der Arbeitsmediziner bei der ARO Personalservice GmbH

Nach der BGV A2 (Unfallverhütungsvorschrift: Betriebsärzte und Fachkräfte für Arbeitssicherheit) ist ein Betriebsarzt auch für Verleihunternehmen, demzufolge für die ARO Personalservice GmbH, vorgeschrieben. Die Kunden, d.h. die Entleihunternehmen, der Firma ARO haben i.d.R. einen hauseigenen Betriebsarzt, bspw. Verzinkereien. Insofern haben die externen Mitarbeiter der ARO GmbH nicht nur die gleiche arbeitsmedizinische Betreuung, wie die in den Betrieben beschäftigten Stammarbeitnehmer, sondern eine zusätzliche Gesundheitsvorsorge. Demzufolge ist durch den Betriebsarzt im Kundenunternehmen ein entsprechender Spezialist vorhanden und durch den Arbeitsmediziner bei der ARO Personalservice GmbH ein zusätzlicher Kontrolleur, um die Gesundheit der Mitarbeiter zu schützen und zu fördern.

Die betriebsärztliche Tätigkeit von Ärzten, die nicht die Gebietsbezeichnung „Arbeitsmedizin“ oder die Zusatzbezeichnung „Betriebsmedizin“ führen, kann nur unter Aufsicht und in Verantwortung des zuständigen hauptberuflichen Betriebsarztes durchgeführt werden. Nur ein fachkundiger Arzt kann selbständig Begehungen durchführen oder den Unternehmer beraten. Spezielle arbeitsmedizinische Vorsorgeuntersuchungen können nur mit der erforderlichen berufsgenossenschaftlichen oder staatlichen Ermächtigung durchgeführt werden.[141]

Der zuständige externe Betriebsarzt für die ARO Personalservice GmbH wurde im November 2008 schriftlich bestellt und trägt die erforderliche Bezeichnung „Facharzt für Arbeitsmedizin“. Des Weiteren ist er ebenfalls in Gelsenkirchen ansässig und kann der Firma ARO eine schnelle umfassende Betreuung bieten. Dadurch lässt sich eine gute Zusammenarbeit zwischen der ARO GmbH, der FASI, der Sicherheitsbeauftragen und dem Arbeitsmediziner gewährleisten. Insofern können regelmäßige Arbeitsschutzausschusssitzungen stattfinden, Betriebsbegehungen durchgeführt werden, und die erforderlichen G-Untersuchungen vorgenommen werden. Bei der ARO Personalservice GmbH wurden bereits Arbeitsschutzausschusssitzungen vorgenommen und weitere, immer vierteljährliche, Sitzungen sind geplant. In einer ersten Sitzung wurden bspw. die Termine für die G-Untersuchungen der Mitarbeiter festgelegt, eine arbeitsmedizinische Beratung hat stattgefunden und der Arbeitsmediziner kontrollierte die Messergebnisse der Kunden (z.B. Verzinkereien). Um der Dokumentationspflicht nachzukommen wurde ein Protokoll der Sitzung angefertigt und die Mitglieder (Geschäftsführerin, FASI, Sicherheitsbeauftragte und Arbeitsmediziner) erörterten gegenseitige Fragen des Arbeitsschutzes und der Unfallverhütung. Insofern wurde die Tragepflicht der persönlichen Schutzausrüstungen von den externen Mitarbeitern in den Verzinkereien besprochen. Diesen externen Mitarbeitern der ARO Personalservice GmbH obliegt in den Verzinkereien die Pflicht, die entsprechende Schutzkleidung sowie Helm zu tragen.

---

[141] Vgl. *Seidel/Bittighofer* Arbeits- und Betriebsmedizin, 1997, S. 57.

Wird diese Pflicht verletzt, werden die Mitarbeiter von der Firma ARO schriftlich abgemahnt. Damit lassen sich nicht alle Unfälle vermeiden, aber die externen Mitarbeiter arbeiten umsichtiger und werden entsprechend sensibilisiert. Ein großer Teil der externen Mitarbeiter der ARO GmbH wird hauptsächlich im Industriebereich eingesetzt, jedoch werden sehr gefährliche Arbeiten, wie z.B. Arbeiten in der Höhe, abgelehnt. Ferner obliegen dem Arbeitsmediziner die Aufgaben, der Einsatzplanung und Schulung der Helfer in „Erster Hilfe“ sowie arbeitsmedizinische Untersuchungen durchzuführen.

10 Vergleich von SCC/SCP und AMS

10.1 Die Bedeutung von SCP für Zeitarbeitsunternehmen

Die Abkürzung SCP bedeutet: Sicherheits Certifikat für Personaldienstleister und es beinhaltet ein zertifiziertes Arbeitsschutzmanagementsystem für die Überprüfung von Arbeitssicherheits-, Gesundheitsschutz- und Umweltschutzaspekten. Die Anforderungen in bestimmten Branchen der Chemie, Energie und Versorgung oder bei bestimmten Montagen, erfordern ein SCP-Zertifikat, um Aufträge zu bekommen. Diese Branchen haben 1996 beschlossen, stufenweise ihre Werkvertragspartner und Dienstleister auf Standards im Arbeits-, Gesundheits- und Umweltschutz zu verpflichten und zu überprüfen, damit in ihren Betrieben weniger Unfälle oder Sachschäden durch Fremdpersonal verursacht werden. Bei ca. 1.000 Betrieben ist dies bereits geschehen und wird sich auch künftig ausweiten, weil die Versicherungen der Industrie mittlerweile ihre Versicherungsbedingungen dahingehend angepasst haben, d.h. es sind nur noch zertifizierte Betriebe zuzulassen.[142] Außerdem beauftragen immer mehr Firmen ausschließlich SCC-zertifizierte Lieferanten, denn so können sie sicher sein, dass auch ihre Vertragspartner nach zuverlässigen Sicherheitsstandards arbeiten.

Bereits 1994 wurde in den Niederlanden das Zertifizierungssystem VCA (Veiligheids Checklijst Aannemers) von dem Raad voor Accreditatie (Niederländischer Akkreditierungsrat RvA) zugelassen. Nach dessen erfolgreicher Einführung wurde im September 1995 ein an deutsches Recht angepasstes SCC-Zertifizierungs-System entwickelt und von der TGA – Trägergemeinschaft für Akkreditierung GmbH in das deutsche Akkreditierungssystem aufgenommen. Inzwischen hat sich eine europäische SCC-Plattform gebildet, in der die Sektorkomitees aus Belgien, Deutschland, den Niederlanden, Österreich und der Schweiz beteiligt sind. Die Hauptaufgabe dieser SCC-Plattform besteht u.a. darin, die Vergleichbarkeit der Systeme und die gegenseitige Anerkennung zu gewährleisten.[143]

Ferner ermöglicht SCP die Ausbildung von Mitarbeitern und Führungskräften mit verbindlichen Prüfkriterien, d.h. es müssen 90 % der Mitarbeiter nach den Kriterien von SCP geschult und geprüft sein. Dabei absolvieren nicht nur die operativen Führungskräfte (Disponenten, Niederlassungsleiter und Geschäftsführer) eine anerkannte Prüfung sondern auch alle Zeitarbeitskräfte (Leiharbeitnehmer), die länger als 6 Monate eingestellt sind. Die Vorteile des SCC/SCP zeigen in der Praxis, eine Generierung von Wettbewerbsvorteilen, eine Steigerung des Sicherheitsbewusstseins der Mitarbeiter, eine Reduzierung der Unfallhäufigkeit und damit eine Senkung der finanziellen Belastung der Betriebe. Außerdem ist SCC/SCP so aufgebaut, dass es von allen Industriezweigen ohne Probleme übernommen

[142] Vgl. *AIP, Aktuelle Information für Personaldienstleister,* Ausgabe 10/2004, S. 22 f.

[143] Vgl. *AQ-Ingenieurbüro, B. Siemer,* Information zu SCC Rev. 2006.

werden kann.[144] Bei der Ausbildung und Prüfung werden keine Spezialseminare für die Zeitarbeit angeboten, weder für die Führungskräfte noch für die Zeitarbeiter.[145] Darin ist ein Nachteil von SCP sowie auch in den hohen Zertifizierungskosten zu sehen.

10.2 Gemeinsamkeiten und Unterschiede SCP und AMS

Der AMS-Dienstleister der VBG ist im Januar 2005 erschienen und stellt eine branchenspezifische Handlungshilfe auf Basis des nationalen Leitfadens für Arbeitsschutzmanagementsysteme (NLF) dar. Wie im nationalen Leitfaden für AMS festgelegt, können grundsätzlich alle Mitgliedsunternehmen der VBG eine Begutachung des eingeführten und gelebten AMS gemäß „AMS-Arbeitsschutz mit System" durchführen lassen. Er unterstützt Dienstleistungsunternehmen bei einer unternehmensbezogenen Einführung eines Arbeitsschutzes mit System oder auch eines Arbeitsschutzmanagementsystems. Grundlage von AMS ist die Verpflichtung der Unternehmensleitung, den Arbeits- und Gesundheitsschutz als gleichrangiges Unternehmensziel festzulegen und zu lenken. Die Durchführung von AMS ist auf freiwilliger Basis, es besteht kein Zwang zur Zertifizierung, für VBG-Unternehmen ist das AMS kostenlos und es wird eine Bestandsaufnahme vorgenommen. Bei Interesse setzt sich eine technische Aufsichtsperson oder ein Fachberater der VBG mit dem Unternehmen in Verbindung. Nach Klärung der weiteren Modalitäten und der Unterzeichnung einer entprechenden Vereinbarung führt das Unternehmen zunächst eine Bestandsaufnahme durch. Dabei spielt die Selbstverpflichtung zum Arbeitsschutz eine besondere Rolle. Nach Aufbau des AMS kann die Wirksamkeit des Systems begutachtet werden, wobei mindestens drei Monate nach der Einführung vergangen sein müssen, um die Wirksamkeit bewerten zu können. Die Begutachtung erfolgt auf Grundlage branchenspezifischer Fragelisten der VBG. Dabei liegt der Schwerpunkt auf dem tatsächlich gelebten Arbeitsschutz (der betrieblichen Arbeitsschutzpraxis).[146] Das VBG-Zertifikat AMS-Dienstleister ist für kleine und mittlere Dienstleistungsunternehmen und wird jährlich im Rahmen des Verbesserungsprozesses Arbeitsschutz überprüft. Ferner ist eine Verknüpfung und Integration von AMS in das Qualitätsmanagement sowie Umweltmanagement möglich. Das AMS kann auch auf einem SGU-Management, das auf dem SCC-Regelwerk basiert, aufgebaut werden.[147]

Gemeinsamkeiten:

In beiden Zertifikaten werden Arbeitsschutz und Gesundheitsschutz überprüft, wobei beim SCP der Umweltschutz zusätzlich einfließt. Ebenfalls fördern beide Zertifikate das Sicherheitsbewusstsein der Mitarbeiter, reduzieren die Unfallhäufigkeit und verbessern die

---

[144] Ebd.

[145] *http://www.scc-info.de/seiten/SCP-Sicherheitszertifikat.htm*, Stand 01.11.2008.

[146] Vgl. *Fachbeitrag, Uwe Marx,* die BG 05.09, S. 245-247.

[147] *http://www.tuev-nord-cert.de*

Rechtssicherheit für die Unternehmen sowie für die Kunden. Sowohl SCP als auch AMS zeigen und steigern die Qualität dieser Untermehmen, auch gegenüber Kunden. Das SCP-Zertifikat kann, wie auch das AMS, gemeinsam mit anderen Zertifikaten, bspw. Qualitätsmanagement, erworben werden. Die Grundlage der Zertifizierungssysteme bilden zwei Fragenkataloge: die SCP-Checkliste und die VBG-Auditfrageliste für den AMS-Dienstleister. In beiden Fällen müssen alle zur Beantwortung der Pflichtfragen relevanten Unterlagen vorab dem Auditor überreicht werden, d.h. es muss eine umfassende Dokumentation sowohl bei AMS als auch bei SCP vorhanden sein. Nach Durchsicht der Unterlagen wird die Bewertung bzw. Auditierung vorgenommen. Das Zertifikat (SCP oder AMS) wird nach erfolgreicher Auditierung erteilt. Sowohl bei SCP als auch bei AMS sind die Zertifikate drei Jahre gültig. Dabei überprüft der Zertifizierer jährlich die Checkliste bei SCP und die Unternehmensziele bei AMS. Vor Ablauf der Gültigkeit beider Zertifikate kann das Unternehmen eine Zertifikatsverlängerung beantragen. In diesem Fall hat der Zertifizierer in einem Wiederholungsaudit die komplette Bewertung durchzuführen. Für beide Zertifikate ist die Bestellung von FASI und Betriebsarzt relevant, regelmäßige Arbeitsschutzausschusssitzungen sind durchzuführen und ordentliche Personalakten mit Unterweisungen und G-Untersuchungen sind vorzuweisen.

Unterschiede:

Das AMS-Zertifikat ist für Dienstleistungsunternehmen und wird von der VBG erteilt. Bei SCC/SCP wird in zwei Industriebereiche unterteilt: Kontraktoren/produzierendes Gewerbe (SCC) und Personaldienstleister (SCP). Ein Unternehmen, dass sich zertifizieren lassen möchte, wendet sich an einen akkreditierten SCC-Zertifizierer und bittet um Bewertung nach dem Regelwerk SCC.[148] Bei SCP erfolgt im Rahmen einer Grundsatzerklärung keine wirtschaftliche Betrachtung, während bei AMS wirtschaftliche Unternehmensziele formuliert werden. Jedoch ist die Umsetzung von SCP effektiver, weniger zeitintensiv und praktikabler, aber mit enormen Zertifizierungskosten verbunden, während AMS für VBG-Unternehmen kostenlos ist. Wiederum werden bei SCP nicht nur die Führungskräfte sondern auch die Zeitarbeitnehmer geschult und bei AMS nur die Führungskräfte des Zeitarbeitsunternehmens. Das SCP-Zertifikat können ausschließlich Personaldienstleister erlangen, die ein SGU-Managementsystem implementiert haben.[149] Der AMS-Dienstleister unterstützt Dienstleistungsunternehmen bei der Einführung eines Arbeitsschutzmanagementsystems. Ferner verfügen alle externen Mitarbeiter über einen Sicherheitspass im Rahmen von SCC/SCP, in dem alle relevanten Informationen bzgl. Arbeits-, Gesundheits- und Umweltschutz eingetragen werden. Die Sicherheitspässe werden von der Geschäftsführung ausgefüllt und sind von den externen Mitarbeitern immer bei sich zu tragen. Sie blei-

[148] Vgl. *AQ-Ingenieurbüro, B. Siemer,* Information zu SCC Rev. 2006.

[149] Ebd.

ben auch nach Ausscheiden des Mitarbeiters dessen Eigentum. Beim AMS-Dienstleister der VBG ist kein Sicherheitspass vorhanden.

Zusammenfassend ist der wesentliche Unterschied zwischen AMS und SCP das Arbeitsschutzmanagementsystem. Dabei gibt der AMS-Dienstleister eine Hilfestellung bei der Einführung und Umsetzung eines solchen Systems, während SCP bereits ein zertifiziertes Arbeitsschutzmanagementsystem ist. Außerdem ist der AMS-Dienstleister auf freiwilliger Basis, für VBG-Unternehmen völlig kostenfrei und integriert den Arbeitsschutz in die Unternehmensziele des Zeitarbeitsunternehmens. Andererseits enthält SCP keine wirtschaftliche Betrachtung, ist jedoch praktikabler, aber mit hohen Zertifizierungskosten verbunden und für einige Branchen bei der Auftragsvergabe relevant. Viele Unternehmen müssen als Zulieferer ein Arbeitsschutzmanagementsystem bzw. eine funktionierende Sicherheits- und Gesundheitsschutzorganisation gegenüber ihren Kunden nachweisen. Gerade im Bereich von SCC oder SCP muss dieser Nachweis von Subunternehmen erbracht werden. Ein entscheidender Nutzen von AMS-Arbeitsschutz mit System ist, dass die Bescheinigung des eingeführten und wirksamen Arbeitsschutzes mit System des zuständigen Unfallversicherungsträgers als entsprechender Nachweis anerkannt ist.[150]

---

[150] Vgl. *Fachbeitrag, Uwe Marx,* die BG 05.09, S. 245-247.

11 Gemeinsame Deutsche Arbeitsschutzstrategie (GDA)

Im Bereich der Unfallverhütung, des Arbeits- und Gesundheitsschutzes kann die Europäische Union (EU) lediglich Mindeststandards vorgeben. Die Mitgliedstaaten der EU setzen diese Mindestanforderungen in nationales Recht um. Wie die Umsetzung erfolgt, bleibt den Staaten selbst überlassen. Die Standards können auf nationaler Ebene verbessert, dürfen jedoch nicht unterschritten werden.

Die sozialpolitischen Kompetenzen auf Gemeinschaftsebene waren zu Zeiten der EWG-Gründung minimal. Erst im Laufe der Jahre wurden sie ausgedehnt, womit auch die europäische Gesetzgebung auf dem Gebiet des Arbeitsschutzes erleichtert wurde. Nach der Verabschiedung der EU-Rahmenrichtlinie zur Verbesserung der Sicherheit und des Gesundheitsschutzes bei der Arbeit von 1989 wurden viele Einzelrichtlinien erlassen. Der Arbeitsschutz in Europa folgt damit weitgehend europäischem Recht. Seit Mitte der 1990er Jahre wird der europäische Arbeitsschutz zusätzlich durch die werbende und informierende Arbeit der Europäischen Agentur für Sicherheit und Gesundheitsschutz am Arbeitsplatz (EU-OSHA) unterstützt. Im Anschluss an die erste europäische Arbeitsschutzstrategie hat die EU-Kommission 2007 die derzeit noch bis 2012 laufende Arbeitsschutzstrategie gestartet. Titel: „Die Arbeitsqualität verbessern und die Arbeitsproduktivität steigern: Gemeinschaftsstrategie für Gesundheit und Sicherheit am Arbeitsplatz 2007-2012“. Auswertungsergebnisse der ersten Strategie hatten ergeben, dass von 2000 bis 2004 die Zahl tödlicher Unfälle um 17 Prozent und die Zahl der Arbeitsunfälle mit Fehlzeiten von mehr als drei Tagen um 20 Prozent zurückgegangen sind.[151]

Die EU hat eine Gemeinschaftsstrategie für Gesundheit und Sicherheit am Arbeitsplatz formuliert. Diesen europäischen Ansatz haben Bund, Länder und Unfallversicherungsträger aufgenommen und in der Gemeinsamen Deutschen Arbeitsschutzstrategie (GDA) als nationale Strategie aufbereitet. Die gesetzliche Unfallversicherung war an der Formulierung der Ziele der GDA maßgeblich beteiligt. Die GDA ist Bestandteil des Unfallversicherungsmodernisierungsgesetzes (UVMG), das Ende 2008 in Kraft trat. Durch das UVMG wurde die Nationale Arbeitsschutzkonferenz (NAK) eingerichtet, in der je drei Vertreter des Bundesministeriums für Arbeit und Sozialordnung, der Arbeitsschutzbehörden der Länder und der Spitzenverbände der gesetzlichen Unfallversicherung sitzen. Die NAK wird beraten von je drei Vertretern der Spitzenorganisationen der Arbeitgeber und Arbeitnehmer. Sie wird organisatorisch und fachlich durch eine Geschäftsstelle unterstützt, die dauerhaft bei der BAuA am Standort Berlin eingerichtet ist. Mit dem UVMG wurde die GDA gesetzlich in die §§ 20a und 20b ArbSchG eingeordnet. In der GDA spiegeln sich die Schwerpunkte der Präventionsarbeit europäischer Ansätze, jedoch bleibt ein Spielraum für die deutsche Selbstverwaltung erhalten. Dafür sorgt die offene Methode der Koordinierung, die den EU-

[151] Vgl. *Infoplus,* Ausgabe 2/April 2009.

Staaten individuelles Handeln empfiehlt. Das Verfahren gibt positive Impulse, um die Stärken der Selbstverwaltung regional und praxisnah auf die Bedürfnisse der Versicherten zu übertragen. Mit dem Ziel, die Sicherheit und die Gesundheit der Beschäftigten bei der Arbeit zu erhalten, zu verbessern und zu fördern sowie zur langfristigen Kostenentlastung der Unternehmen und der sozialen Sicherungssysteme wurden gemeinsame Arbeitsschutzziele und Handlungsfelder unter Federführung der DGUV erarbeitet und von den Trägern der GDA (Bund, Länder, Unfallversicherungsträger) festgelegt.

In der GDA sind drei Arbeitsschutzziele sowie Handlungsfelder festgelegt:

- Verringerung von Häufigkeit und Schwere von Arbeitsunfällen,
- Verringerung von Häufigkeit und Schwere von Muskel-Skelett-Belastungen und -Erkrankungen sowie
- Verringerung der Häufigkeit und Schwere von Hauterkrankungen.[152]

Alle Arbeitsschutzziele und Handlungsfelder haben auch psychische Fehlbelastungen, bspw. durch Termin- und Leistungsdruck, im Blick.

Die Umsetzung der GDA-Arbeitsprogramme (2008 bis 2012) geschieht in elf bundesweit einheitlichen Arbeitsprogrammen:

- Sicherheit und Gesundheitsschutz bei Bau- und Montagearbeiten;
- Gesund und erfolgreich arbeiten im Büro;
- Sicherheit und Gesundheitsschutz an Produktionsarbeitsplätzen in der Ernährungsindustrie;
- Sicherheit und Gesundheitsschutz an Produktionsarbeitsplätzen im Bereich feinmechanischer Montierertätigkeiten;
- Sicherheit und Gesundheitsschutz in der Gastronomie und Hotellerie;
- Gesundheitsschutz bei Feuchtarbeit und Tätigkeiten mit hautschädigenden Stoffen;
- Sicherheit und Gesundheitsschutz bei der Personenbeförderung im ÖPNV;
- Sicherheit und Gesundheitsschutz bei der Pflege;
- Sensibilisierung zum Thema Sicherheit und Gesundheitsschutz in Schulen;
- Sicher fahren und transportieren (innerbetrieblich und öffentlich);
- Arbeitssicherheit und Gesundheitsschutz bei der Zeitarbeit.[153]

Des Weiteren wird mit der GDA auch das Ziel einer Optimierung des dualen Arbeitsschutzsystems in Deutschland verfolgt. Die Zusammenarbeit zwischen Unfallversicherungsträgern und staatlichen Arbeitsschutzbehörden innerhalb der GDA auf der Länderebe-

[152] Ebd.

[153] *http://www.baua.de,* Stand: 18. März 2009.

ne erfolgt auf der Basis einer Rahmenvereinbarung, in der die Grundlagen der Zusammenarbeit festgeschrieben sind. Dafür bilden gemeinsame Grundsätze für die Überwachungs- und Beratungstätigkeiten der Aufsichtsdienste in den Betrieben einen weiteren Schwerpunkt. Gleichzeitig unterstützt die GDA die Herstellung eines verständlichen, überschaubaren und abgestimmten Vorschriften- und Regelwerks. Auf dem Gebiet der Gefährdungsbeurteilung und ihrer Dokumentation, wurde bereits 2008 die „Leitlinie Gefährdungsbeurteilung" veröffentlicht.[154]

Das Sicherheits- und Gesundheitsbewusstsein bei Arbeitgebern sowie bei den Beschäftigten ist zu stärken. Ein moderner Arbeitsschutzansatz erfordert die aktive Einbeziehung der Beschäftigten und der Akteure des betrieblichen Arbeitsschutzes sowie die Stärkung der innerbetrieblichen Arbeitsschutzstrukturen. Sicherheit und Gesundheit bei der Arbeit sind ein sozialpolitisches und wirtschaftliches Gebot. Gerade in Bezug auf die demografischen Probleme ist der Arbeitsschutz eine wichtige Voraussetzung für die Beschäftigungsfähigkeit. 74 Prozent der Beschäftigten halten Sicherheit und Gesundheitsschutz für einen wichtigen Aspekt guter Arbeit. Dabei identifizieren sich die Beschäftigten bei guten Arbeitsbedingungen in besonderer Weise mit ihrer Arbeit. Dann sind sie motiviert, innovativ sowie leistungsbereit und tragen zur Wettbewerbsfähigkeit der Wirtschaft bei.[155]

Verbesserung der Zusammenarbeit im Arbeits- und Gesundheitsschutz in der Zeitarbeit:

Ziel: Reduzierung der Zahl und Schwere der Arbeitsunfälle, durch

- signifikante Verbesserung der Kommunikation zwischen Verleiher und Entleiher auf der Basis der Gefährdungsbeurteilungen,
- signifikante Verbesserung der Arbeitsschutzsituation für Zeitarbeitnehmer beim Entleiher,
- signifikante Verbesserung der systematischen Wahrnehmung des Arbeitsschutzes beim Entleiher in Zusammenarbeit mit dem Verleiher, sowie Optimierung der Kompetenzen, der Qualifizierung und der Ausbildung zum Thema Arbeitsschutz.

---

[154] *http://www.dguv.de,* Stand: 10.07.2009.

[155] Befragung der Initiative für eine Neue Qualität der Arbeit (INQA), *http://www.dguv.de.*

12 Ergebnis

Die heutige Arbeitsschutzgesetzgebung fordert von den Unternehmen eine umfassende Berücksichtigung sicherheitstechnischer und gesundheitsrelevanter Belange am Arbeitsplatz. Dabei ist die Arbeitswelt vielen Veränderungen unterworfen. Flexible Beschäftigungsformen, wie die Zeitarbeit, gewinnen auch in Deutschland eine immer größere Bedeutung mit besonderen Anforderungen an die Gestaltung des betrieblichen Arbeitsschutzes. Aufgrund der ständig wachsenden Zahlen von Zeitarbeitsunternehmen entstehen veränderte Formen der Arbeitsorganisation sowie der Arbeitsbedingungen, welche wiederum veränderte Gefährdungs- und Belastungspotenziale zur Folge haben. Insofern darf der Arbeitsschutz nicht nur als eine vorwiegend versicherungs- und ordnungsrechtliche Verpflichtung betrachtet werden, die es zu erfüllen gilt, um nicht mit den staatlichen oder berufsgenossenschaftlichen Aufsichtsorganen in Konflikt zu geraten, sondern er muss auch „gelebt" und umgesetzt werden. Dabei ist eine Einführung und erfolgreiche Umsetzung eines Arbeitsschutzmanagementsystems für jedes Zeitarbeitsunternehmen empfehlenswert, nicht nur unter dem Aspekt einer hohen Arbeitsqualität sondern auch, um die Leistungsfähigkeit und die Leistungsbereitschaft der Beschäftigten zu fördern. Gerade für den wirtschaftlichen Erfolg der Zeitarbeitsunternehmen und für die Sicherung der Arbeitsplätze sind gesunde Mitarbeiter eine wesentliche Voraussetzung. Leider gibt es immer noch Zeitarbeitsunternehmen, die den Arbeitsschutz als nachrangige Aufgabe sehen. Mit der ARO Personalservice GmbH konnte ein Beispiel für ein Zeitarbeitsunternehmen gesetzt werden, bei dem der Arbeitsschutz sowie die Qualität vorrangige Priorität haben und einen hohen Stellenwert genießen. Mit Hilfe von AMS wird bei der ARO Personalservice GmbH, ein für den Arbeitsschutz zusätzliches System aufgestellt und in der Praxis umgesetzt und „gelebt". Damit eine bessere Umsetzung der Unfall- und Schadensverhütung bzw. eine Verbesserung der Gesundheitsprävention am Arbeitsplatz erreicht werden kann, sollten alle Zeitarbeitsunternehmen nachdrücklich dazu aufgefordert werden, diesem Beispiel zu folgen. Gerade bei Zeitarbeitsunternehmen mit mehreren Niederlassungen ist es sinnvoll, den Arbeitsschutz im Kernunternehmen von Anfang an durchzuführen, um damit einen einheitlichen Arbeitsschutz als „roten Faden" auf die anderen Niederlassungen zu übertragen. Der Grundstein für eine einheitliche Methode des Arbeitsschutzes ist bei Beginn der Arbeitnehmerüberlassung zu setzen.

In der Zeitarbeit gibt es erhebliche Schwächen bezüglich der Bestellung, der Einbindung und dem Berichtswesen von Betriebsärzten und Fachkräften für Arbeitssicherheit. Die Verleiher befürchten Wettbewerbsnachteile, wenn ihre eigenen Fachkräfte für Arbeitssicherheit und Betriebsärzte am Einsatzort beim Kunden tätig werden sollen. Es kommt zu Schwierigkeiten in der Kommunikation und der Zusammenarbeit zwischen den Kräften des Entleihers mit denen des Verleihers. Durch eine Teilung von Einsatzzeiten und Aufgaben der Betriebsärzte sowie der Fachkräfte für Arbeitssicherheit von Verleih- und Entleihbetrieben ist es möglich, diesen Nachteilen entgegenzuwirken. Dabei können Teile der Einsatzzeiten und Aufgaben, z.B. die Begehung der Arbeitsstätten, vertraglich auf den Betriebsarzt oder die Fachkraft für Arbeitssicherheit des Entleihers übertragen werden. In diesem Fall besteht eine Berichtspflicht dieser Kräfte auch an den Verleiher. Mit diesen Vereinbarungen und durch eine intensive Kommunikation lassen sich Verwirrungen vermeiden.

Zusammenfassend muss sich eine funktionierende Arbeitsschutzorganisation im Zeitarbeitsunternehmen um das Wichtigste drehen: den Mitarbeiter. Seine Gesundheit und Unversehrtheit ist dabei Managementaufgabe sowie Führungsziel. Insofern müssen alle Kräfte im Zeitarbeitsunternehmen, der Kunde und die Berufsgenossenschaften dafür sorgen, dass der Arbeitsschutz in der Zeitarbeit genau das erreicht was notwendig ist, nämlich einen gesunden und leistungsfähigen Mitarbeiter. Ferner sind auch die Mitarbeiter zu sensibilisieren, denn gerade nach den ersten 3 Monaten steigt die Unfallhäufigkeit, da die Mitarbeiter unvorsichtig werden (z.B. durch Routine oder Langeweile).

Bereits über 30 Unternehmen unterschiedlicher Branchen und Größe haben die wirksame Einführung eines systematischen Arbeitsschutzes durch die VBG prüfen und bescheinigen lassen. Als eines von bisher noch wenigen Zeitarbeitsunternehmen hat die ARO Personalservice GmbH das VBG-Zertifikat für „Arbeitsschutz mit System" erhalten. Um ein größeres Interesse für diese Zertifizierung zu wecken, empfiehlt es sich, dass die VBG stärkere Anreize gibt. Zwar ist die Zertifizierung für Zeitarbeitsunternehmen völlig kostenfrei, beinhaltet jedoch bürokratische Nachteile und einen enormen Zeitaufwand. Sicherlich, liegen enorme Vorteile in der Senkung der Kosten durch geringere Ausfallzeiten der Mitarbeiter und im Imagegewinn bei Kunden, Verbrauchern sowie in der Öffentlichkeit, aber die Notwendigkeit dieses Zertifikates wird vielfach unterschätzt. Die VBG könnte bspw. in einer öffentlich, leicht zugänglichen Rangliste (z.B. auf der Homepage der VBG) die zertifizierten Zeitarbeitsunternehmen positiv bei der Kundenakquise unterstützen und evtl. diesen Unternehmen Beitragsreduzierungen oder Prämien anbieten. Sinnvoll ist es auch, die praxisrelevanten Vorteile und den Nutzen durch AMS für die Zeitarbeitsunternehmen besser zu beleuchten. Bei der Umsetzung der 7 Schritte zum Aufbau und zur Pflege eines systematischen Arbeitsschutzes für Dienstleistungsbetriebe, ist es hilfreich einzelne Beispiele aufzuzeigen, um eine bessere Verständlichkeit zu erreichen. Durch eine stärkere Zusammenarbeit zwischen der VBG und den Zeitarbeitsunternehmen können genauere Definitionen mit Praxisbezug geschaffen werden. Weitere Möglichkeiten für positive Anreize liegen in einer Ausweitung des Schulungs- und Beratungsangebotes der VBG auch auf die Zeitarbeitnehmer. Bisher wird das vielfältige Seminarangebot der VBG allen Führungskräften und internen Beschäftigten von Zeitarbeitsunternehmen angeboten. Dabei wird eine anforderungsgerechte Qualifizierung gegeben, um Arbeitsunfälle, Berufskrankheiten sowie arbeitsbedingte Gesundheitsgefahren zu reduzieren und die Arbeitssicherheit sowie den Gesundheitsschutz zu fördern.

Gerade in der heutigen Zeit ist abschließend festzustellen, dass sich eine Einführung und Umsetzung eines „Arbeitsschutzes mit System" lohnt. Mit der Einführung des Mindestlohns in der Zeitarbeit wird eine verbindliche Lohnuntergrenze im AÜG etabliert, die Branche wird jedoch nicht in das Arbeitnehmer-Entsendegesetz für branchenspezifische Mindestlöhne aufgenommen. Gerade bei gleichen Löhnen ist die Qualität der Zeitarbeitsunternehmen entscheidend, um eine bessere Positionierung auf dem Markt zu erreichen. Deshalb ist es relevant die Qualität in Form von Zertifizierungen anzuzeigen, um damit einen Qualitätsvorsprung gegenüber nicht zertifizierten Zeitarbeitsunternehmen zu generieren. Im April 2009 waren, laut einer Umfrage des IW Köln im Auftrag des BZA, 28.000 Zeitarbeitnehmer in Kurzarbeit, das sind 5,5 Prozent aller Zeitarbeitnehmer. Dabei nutzen viele Zeitarbeitsunternehmen diese Überbrückungsmaßnahme nicht nur, um ihre Belegschaft vor Entlassungen zu bewahren, sondern auch, um ihre Mitarbeiter weiterzuqualifizieren. In Zeiten der Wirtschaftskrise ist das eine hervorragende Gelegenheit, um das Personal fit zu machen für die gestiegenen Anforderungen der Kundenunternehmen. Insofern sollte das wirtschaftliche Interesse und das entsprechende Engagement der Branche Zeitarbeit in größeren Qualifizierungsanstrengungen, in einer besseren arbeitsmedizinischen Vorsorge und in einem professionellen Arbeitsschutz- sowie Gesundheitsmanagement liegen. Nur damit, lässt sich die Arbeitszufriedenheit der Mitarbeiter steigern, demzufolge kann der Fehlzeitenanteil reduziert werden und Kosten werden vermieden.

13 Anhang

13.1 Arbeitsplatzbesichtigungs-Protokoll der ARO Personalservice GmbH

Arbeitsplatzbesichtigungs-Protokoll	Erstbesichtigung; Datum/Unterschrift Folgebesichtigung; Datum/Unterschrift

Kunde:	**1. Hilfe:**	**SIFA:**
Anspr.Partner: Unterweisender: hat die Unterweisung stattgefunden?	Verbandkasten Ersthelfer Meldeeinrichtungen	evtl. Maßnahmen Bemerkungen:
Mitarbeiter:	Arbeitsaufgabe:	Einsatzort: Arbeitsplatz:
erforderl. Qual. Befähigung/Kenntnisse körperliche Eignung Übereinstimmung der Anf.?	ARO-Schutzmaßnahmen: (techn./organis.) Eins.Einweisung Fachfragebogen-VBG Grundsatzunterw.	

besondere Merkmale / welche Gefährdungen liegen vor:	Beschreibung der Gefährdung	welche PSA?	Kd.	ARO	G-Unters.
Arbeitsorganisation					
mechanische					
elektrische					
chemische					
biologische					
Brand/Explosion					

thermische					
physikalische					
Arbeitsumgebung					
physische					
Wahrnehm. / Handhabbar					
psychomentale Belast.					
sonstiges					
haben sich die Gefährdungen verändert?	wenn ja - welche				
wird die PSA getragen?	Maßnahmen:				

13.2 Unfallanzeige der VBG

U N F A L L A N Z E I G E

1 Name und Anschrift des Unternehmers

2 Unternehmensnummer des Unfallversicherungsträgers

3 Empfänger

4 Name, Vorname des Versicherten	5 Geburtsdatum	Tag	Monat	Jahr

6 Straße, Hausnummer	Postleitzahl	Ort

7 Geschlecht	8 Staatsangehörigkeit	9 Leiharbeitnehmer
☐ männlich ☐ weiblich		☐ ja ☐ nein

10 Auszubildender	11 Ist der Versicherte		
☐ ja ☐ nein		☐Unternehmer ☐mit dem Unternehmer verwandt	☐Ehegatte des Unternehmers ☐Gesellschafter / Geschäftsführer

12 Anspruch auf Entgeltfortzahlung	13 Krankenkasse des Versicherten (Name, PLZ, Ort)
besteht für Wochen	

14 Tödlicher Unfall	15 Unfallzeitpunkt					16 Unfallort (genaue Orts- und Straßenangabe mit PLZ)
☐ ja ☐ nein	Tag	Monat	Jahr	Stunde	Minute	

17 Ausführliche Schilderung des Unfallhergangs (Verlauf, Bezeichnung des Betriebsteils, ggf. Beteiligung von Maschinen, Anlagen, Gefahrstoffen)

Die Angaben beruhen auf der Schilderung ☐ des Versicherten ☐ anderer Personen

18 Verletzte Körperteile	19 Art der Verletzung

<table>
<tr><td colspan="6">20 Wer hat von dem Unfall zuerst Kenntnis genommen?
(Name, Anschrift des Zeugen)</td><td colspan="4">War diese Person Augenzeuge
☐ ja ☐ nein</td></tr>
<tr><td colspan="3">21 Name und Anschrift des erstbehandelnden Arztes/Krankenhauses</td><td colspan="7">22 Beginn und Ende der Arbeitszeit des Versicher-
Beginn — Stunde | Minute — En-de — Stunde | Minute</td></tr>
<tr><td colspan="3">23 Zum Unfallzeitpunkt beschäftigt/tätig als</td><td colspan="3">24 Seit wann bei dieser Tätigkeit</td><td colspan="2">Monat</td><td colspan="2">Jahr</td></tr>
<tr><td colspan="10">25 In welchem Teil des Unternehmens ist der Versicherte ständig tätig?</td></tr>
<tr><td colspan="7">26 Hat der Versicherte die Arbeit eingestellt?
☐ nein ☐ sofort ☐ später am</td><td>Tag</td><td>Monat</td><td>Stunde</td></tr>
<tr><td colspan="6">27 Hat der Versicherte die Arbeit wieder aufgenommen?
☐ nein ☐ ja, am</td><td>Tag</td><td>Monat</td><td colspan="2">Jahr</td></tr>
<tr><td colspan="10"></td></tr>
<tr><td colspan="2">28 Datum</td><td colspan="2">Unternehmer /
Bevollmächtigter</td><td colspan="2">Betriebsrat
(Personalrat)</td><td colspan="4">Telefon-Nr. für Rückfragen
(Ansprechpartner)</td></tr>
</table>

13.3 Berufskrankheitenanzeige der VBG

ANZEIGE DES UNTERNEHMERS BEI ANHALTSPUNKTEN FÜR EINE BERUFSKRANKHEIT

1 Name und Anschrift des Unternehmers	2 Unternehmensnummer des Unfallversicherungsträgers
3 Empfänger	

4 Name, Vorname des Versicherten	5 Geburtsdatum	Tag	Monat	Jahr

6 Straße, Hausnummer	Postleitzahl	Ort

7 Geschlecht	8 Staatsangehörigkeit	9 Leiharbeitnehmer
☐ männlich ☐ weiblich		☐ ja ☐ nein

10 Auszubildender	11 Ist der Versicherte		
☐ ja ☐ nein		☐ Unternehmer ☐ mit dem Unternehmer verwandt	☐ Ehegatte des Unternehmers ☐ Gesellschafter/Geschäftsführer

12 Anspruch auf Entgeltfortzahlung besteht für ☐☐ Wochen	13 Krankenkasse des Versicherten (Name, PLZ, Ort)

14 Welche Krankheitserscheinungen liegen vor, die Anhaltspunkte für die Anzeige bilden? Welche Beschwerden äußert der Versicherte? Auf welche gefährdenden Einwirkungen und Stoffe führt er die Beschwerden zurück?

15 Welche gefährdenden Tätigkeiten hat der Versicherte ausgeübt? Welchen gefährdenden Einwirkungen und Stoffen war er bei der Arbeit ausgesetzt?

16 Wurden arbeitsmedizinische Vorsorgeuntersuchungen durchgeführt? Wenn ja, durch wen und wann?

17 Wurden die unter Nummer 15 genannten Gefährdungsfaktoren am Arbeitsplatz des Versicherten überprüft (z.B. Gefährdungsbeurteilung, Messungen), wenn ja mit welchem Ergebnis?			
18 Datum	Unternehmer / Bevollmächtigter	Betriebsrat (Personalrat)	Telefon-Nr. für Rückfragen (Ansprechpartner)

13.4 Checkliste Unfalluntersuchung der VBG

Unfalluntersuchungsbericht Der folgende Bericht hilft Ihnen dabei, die Unfalluntersuchung systematisch durchzuführen und die notwendigen Informationen zu sammeln und festzuhalten.	
Ersteller des Berichtes:	
Fachkraft für Arbeitssicherheit:	
In Untersuchung eingebunden:	
Meldung an VBG erfolgt?:	
BG-Kundennummer:	
Verletzte Person (Name, Anschrift):	
Geburtsdatum:	
Qualifikation der verletzten Person:	
Zum Unfallzeitpunkt tätig als:	
seit:	
Letzte Unterweisung am: durch: Form (schrift./mündl.):	
Unterweisungsinhalt:	
Nachweis der Unterweisung:	
Unfalltag/-uhrzeit:	
Unfallzeugen:	
Erste Hilfe durch:	
Verletzung:	
Unfallort: (Abteilung, Baustelle,...)	

Gefährdungsbeurteilung vorhanden?:	
Beschreibung des Unfallhergangs:	
Unfallursachen:	
Verstöße gegen Vorschriften ?:	
Präventive Maßnahmen:	
Tag der Unfalluntersuchung:	
Teilnehmer an der Untersuchung:	
Ergänzende Anmerkungen:	
Unterschrift Datum	

13.5 Betriebsvereinbarung zur Büroarbeit der VBG

Betriebsvereinbarung zur Büroarbeit

Diese Vereinbarung gilt für die Gestaltung der Büroarbeiten in unserem Unternehmen. Sie beschreibt den Rahmen, der als Mindeststandard zur Gestaltung des Arbeitssystems bei Büroarbeiten gilt.

Ziel

Ziel der Vereinbarung ist es, über die Gestaltung des Arbeitssystems die Realisierung von möglichst hochwertigen Produkten und Leistungen mit Hilfe der Büroarbeit zu erreichen sowie gleichzeitig die Gesundheit und Sicherheit der Beschäftigten zu schützen und zu fördern.

Beurteilung der Arbeitsbedingungen, Maßnahmen

Gemäß § 3 Bildschirmarbeitsverordnung wird die Beurteilung der Arbeitsbedingungen (entsprechend § 5 ArbSchG) durchgeführt, insbesondere unter Berücksichtigung der Qualität der Arbeitsbedingungen, der körperlichen Beschwerden, der Arbeitszeitgestaltung und psychischen Belastungen. Nach der Beurteilung der Arbeitsbedingungen wird festgelegt, welche Maßnahmen einzuleiten sind inklusive Verantwortlichkeiten, Terminierung und Kontrolle. Bei der Festlegung der Maßnahmen werden die Erfahrungen der Beschäftigten berücksichtigt.

Die Ergebnisse der Gefährdungs- und Belastungsbeurteilung inklusive der Vorschläge für Maßnahmen werden dokumentiert (gemäß § 6 ArbSchG).

Qualität des Arbeitssystems

Es werden nur zertifizierte (GS-Zeichen/BG-PrüfZert)) Arbeitsmittel angeschafft. Die Arbeitsmittel werden sofern vorgeschrieben regelmäßig geprüft und die Beschäftigten verwenden nur geprüfte Arbeitsmittel, deren Prüffristen nicht abgelaufen sind. Es sind alle Voraussetzungen zu schaffen, damit die Arbeitsumgebung (Klima, Beleuchtung, Lärm, Raum) mindestens den vorgeschriebenen Bedingungen entspricht (zum Beispiel Arbeitsstättenverordnung, Bildschirmarbeitsverordnung). Der Arbeitsplatz muss ergonomisch gestaltet sein. Dafür sind alle materiellen Voraussetzungen zu schaffen. Die Beschäftigten verpflichten sich, die zur Verfügung gestellten Arbeitsmittel auch ergonomisch zu benutzen.

Information und Unterweisung der Beschäftigten

Die Beschäftigten erhalten alle Informationen, die für ein fachlich hochwertiges, sicheres und gesundes Arbeiten am Bildschirm und im Büro erforderlich sind. Mindestens jährlich beziehungsweise bei Neuanschaffung von Arbeitsmitteln und neuen Arbeitsaufgaben, erhalten die Beschäftigten eine Unterweisung über Gesundheit und Sicherheit bei der Bildschirm- und Büroarbeit.

Verbesserungsprozess

Alle Beschäftigten besprechen Probleme und Fehler im Arbeitssystem sowie Probleme und Mängel bei der Umsetzung der Arbeitsaufgabe mit den zuständigen Vorgesetzten. Die Vorgesetzten werden alles wirtschaftlich Machbare unternehmen, um die Situation den Erfahrungen der Beschäftigten gemäß zu verbessern.

Beschäftigte und Vorgesetzte besprechen regelmäßig, gemeinsam und partnerschaftlich, wie das Arbeitssystem zu verbessern ist.

Mischarbeit und Pausen

Im Grundsatz wird für alle Bürotätigkeiten die Arbeitsorganisation so gestaltet, dass Bildschirmarbeit regelmäßig durch andere, weniger belastende Tätigkeiten unterbrochen wird. Sollte das nach eingehender Prüfung im Einzelfall nicht möglich sein, wird eine auf den Einzelfall abgestellte Pausenregelung vereinbart (nach 1 bis 2 Std. ununterbrochener Bildschirmarbeit eine Pause von 5 bis 15 Min. Dauer).

Vorsorgeuntersuchungen

Alle Beschäftigten an Bildschirmarbeitsplätzen können während der Arbeitszeit eine Untersuchung der Augen und des Sehvermögens (nach dem Berufsgenossenschaftlichen Grundsatz G 37 „Bildschirm-Arbeitsplätze“ vom Betriebsarzt) in folgenden Intervallen durchführen lassen:

- nach einer Erstuntersuchung,
- Wiederholungsuntersuchungen nach 60 Monaten (bei über 40-jährigen Personen nach 36 Monaten).

Wenn die Vorsorgeuntersuchung ergibt, dass eine augenärztliche Untersuchung notwendig ist, wird diese vom Unternehmer ermöglicht. Wird dabei festgestellt, dass Beschäftigte eine spezielle Sehhilfe für die Arbeit am Bildschirm benötigen, trägt hierfür der Unternehmer die Kosten.

Qualifikationsmaßnahmen

Um eine Überforderung der Beschäftigten zu vermeiden und einen produktiven Einsatz der Software zu gewährleisten, erhalten alle Beschäftigten ein Training, das mindestens enthält:

- Erweiterung der Grundkenntnisse des Umgangs mit der Software
- Vermittlung und Erweiterung der Grundkenntnisse zur Lösung der spezifischen Arbeitsaufgaben
- Vermittlung und Informationen zum sachgerechten Umgang mit den Geräten (Hardware)

______________________________	______________________________
Unterschrift Unternehmer	Unterschrift Beschäftigten-Vertreter
________________	________________
Datum	Datum

13.6 VBG-Check Bildschirmdarstellung

Infoblatt

Bildschirmarbeit

Um gesund und sicher am Bildschirm zu arbeiten und eine hohe Nutzungsqualität zu erzielen, sind folgende Dinge bei der Arbeit zu beachten:

Arbeitsplatz

- Stuhl so einstellen, dass Ober- und Unterschenkel einen Winkel von 90° oder mehr bilden, wenn die Füße ganzflächig auf dem Boden stehen. Auch Ober- und Unterarme bilden einen Winkel von rund 90°, wenn die Unterarme eine waagerechte Linie zur Tastatur bilden. Ist das nicht möglich, Fußstütze verwenden oder bei höhenverstellbaren Tischen Tischhöhe anpassen.
- Dynamisch Sitzen. Wenn Sie häufig Ihre Sitzhaltung ändern und öfter auch einmal aufstehen, werden Ihre Bandscheiben weniger belastet. Nutzen Sie die ganze Sitzfläche, damit Ihr Rücken immer abgestützt wird.
- Informieren Sie sich deshalb auch über die Verstellmöglichkeiten der Rückenlehnenneigung.
- Der Abstand zwischen Ihren Augen und dem Bildschirm, der Tastatur und der Vorlage sollte möglichst gleich sein und mindestens 50 cm betragen.
- Ihre Tastatur muss 10 cm bis 15 cm von der Tischkante entfernt sein, damit Sie Ihre Handballen immer mal wieder auf den Tisch legen können, sonst können zum Beispiel Ihre Schultern- und Nackenmuskeln verspannen.
- Alle Arbeitsmittel, die Sie häufig benutzen, sollten sich direkt vor Ihnen befinden. Gelegentlich benutzte Arbeitsmittel können seitlich angeordnet werden. Achten Sie auch darauf, dass Ihr Bildschirm direkt auf dem Tisch und zum Beispiel nicht auf dem Rechner steht, damit Ihre Augenhöhe unter der obersten Bildschirmzeile liegt. Dadurch werden Verspannungen im Hals- und Nackenbereich vermieden.

Bildschirmeinstellung

- Ihr Bildschirm soll nicht flimmern, damit Sie keine Kopfschmerzen bekommen bzw. Ihre Augen nicht tränen oder brennen. Sie können selbst testen, ob Ihr Bildschirm flimmert: Schauen Sie bitte 10 cm neben den Bildschirm und beobachten ihn, ohne die Augen auf den Bildschirm zu richten. Wenn Ihr Bildschirm flimmert, versuchen Sie eine Bildwiederholfrequenz von mindestens 85 Hz einzustellen. LCD-Bildschirme flimmern nicht, da bei ihnen der Bildaufbau anders als bei der Kathodenstrahlröhre funktioniert.

- Wann immer möglich, sollten Sie dunkle Schrift auf hellem Untergrund verwenden (Positivdarstellung). Helle Zeichen auf dunklem Untergrund (Negativdarstellung) sollten Sie nicht einstellen. In der Negativdarstellung stören Spiegelungen das Erkennen der Bildschirmanzeige erheblich mehr als in der Positivdarstellung.
- Die Buchstaben auf Ihrem Bildschirm müssen groß genug sein. Die Großbuchstaben sollen bei einem Sehabstand von 50 cm etwas mehr als 3 mm groß sein. Messen Sie doch einmal nach. Falls erforderlich, korrigieren Sie die Schriftgröße zum Beispiel durch Zoomen.

Bildschirm - Lichtverhältnisse

- Sie sollten nicht in Richtung Fenster blicken, wenn Sie auf Ihren Bildschirm schauen. In Ihrem Bildschirm darf sich auch kein Fenster oder keine Leuchte spiegeln. Bildschirm immer parallel zum Fenster aufstellen.
- Verwenden Sie die Lichtschutz-Vorrichtungen am Fenster, wenn Sie das Sonnenlicht blendet oder es die Bildschirmanzeige stört.
- Wenn Sie eine Arbeitsplatzleuchte nutzen, soll diese nur zusammen mit der Raumbeleuchtung eingeschaltet sein. So vermeiden Sie eine zu hohe Belastung Ihrer Augen durch ständige Anpassung an unterschiedliche Helligkeiten.

Software

Stellen Sie Ihre Software so ein, dass

- Ihre Software einen einfarbigen Untergrund ohne Muster und Bilder besitzt,
- sich die Fensterdarstellungen deutlich vom Untergrund abheben,
- die Inhalte in den Fenstern eindeutig strukturiert sind,
- die Fenster möglichst im Vollbildmodus auf ihrem Bildschirm erscheinen,
- die Texte möglichst linksbündig dargestellt werden,
- in Fließtexten nicht ausschließlich Großbuchstaben verwendet werden,
- die automatische Sicherung festgelegt ist,
- die Symbole der Programme zur Aufgabenbearbeitung auf dem Desktop liegen,
- automatische Funktionen wie Rechtschreibungsprüfung oder Trennungen bewußt eingestellt sind,
- akustische Signale so eingestellt sind, dass sie Sie nicht stören.

13.7 VBG-Check bei einer Beauftragung von Leiharbeitnehmern

Checkliste

Beauftragung von Leiharbeitnehmern

Diese Checkliste ermöglicht es Ihnen, die Bedingungen zur Beauftragung von Leiharbeitnehmern zu überprüfen.

Maßnahme	Ja	Nein	Bemerkung
Wurde ein gemeinsamer Begehungstermin des Arbeitsplatzes mit dem Zeitarbeitsunternehmen vereinbart?	☐	☐	
Hat das Zeitarbeitsunternehmen eine gültige Erlaubnis zur gewerbsmäßigen Arbeitnehmerüberlassung?	☐	☐	
Haben Sie die Referenzen des Zeitarbeitsunternehmens überprüft?	☐	☐	
Wird das Zeitarbeitsunternehmen sicherheitstechnisch und betriebsärztlich betreut?	☐	☐	
Wurde das Zeitarbeitsunternehmen über die Anforderungen informiert? (Zum Beispiel genaue Beschreibung der Tätigkeit, erforderliche berufliche Qualifikationen, notwendige Erfahrungen, Gefährdungen)	☐	☐	
Wird im Vertrag festgelegt, • welche Qualifikationen erforderlich sind, • ob der Leiharbeitnehmer Persönliche Schutzausrüstung benötigt und wer sie zur Verfügung stellt, • ob eine arbeitsmedizinische Vorsorge erforderlich ist und wer sie veranlasst, • wer die Information und Unterweisung über Gefährdungen und entsprechende Verhaltensweisen übernimmt?	☐	☐	
Ist im Unternehmen festgelegt, wer weisungsbefugt gegenüber dem Leiharbeitnehmer ist und wer ihn betreut?	☐	☐	
Ist festgelegt, wer den Leiharbeitnehmer einweist und informiert / unterweist? (Zum Beispiel über Arbeitsaufgaben, Gefährdungen, sicheres und gesundheitsgerechtes Verhalten, Erste Hilfe, Verhalten in Notfällen)	☐	☐	
Ist festgelegt, dass das Zeitarbeitsunternehmen informiert wird, wenn sich die Tätigkeit des Leiharbeitnehmers verändert?	☐	☐	
Bei alle Fragen, die Sie mit „Nein“ beantwortet haben, besteht für Sie Handlungsbedarf.			

13.8 VBG-Check Qualität der vorhandenen Lieferanten

<table>
<tr><td colspan="2">Checkliste
Überprüfung
Qualität der vorhandenen Lieferanten
Diese Liste mit Überprüfungspunkten hilft Ihnen dabei, die Qualität der vorhandenen Lieferanten zu überprüfen.</td></tr>
<tr><td colspan="2">Produkte
(zum Beispiel Arbeitsmittel, Büroeinrichtungen, Software, Büromaterial, Arbeitsstoffe)</td></tr>
<tr><td>Checkpunkt</td><td>Bemerkung</td></tr>
<tr><td>1. Waren die angelieferten Produkte zufrieden stellend?</td><td></td></tr>
<tr><td>2. Sind die Produkte des Lieferanten preislich angemessen (im Verhältnis zu vergleichbaren Leistungen/Produkten gleicher Qualität)?</td><td></td></tr>
<tr><td>3. Hat der Lieferant termingerecht geliefert?</td><td></td></tr>
<tr><td>4. Hilft der Lieferant bei Problemen mit den Produkten?</td><td></td></tr>
<tr><td>5. Gab es Reklamationen von Kunden oder Beschäftigten zu den Produkten?</td><td></td></tr>
<tr><td>6. Entsprechen die Produkte und Leistungen den sicherheitstechnischen Anforderungen (zum Beispiel GS-Zeichen, BGPüfzert)?</td><td></td></tr>
<tr><td>7. Hält sich der Lieferant an die Vereinbarungen in Bezug auf Sicherheit und Gesundheit bei der Arbeit?</td><td></td></tr>
<tr><td>8. Besitzt der Lieferant Zertifizierungen oder Auszeichnungen (Qualitätsmanagement, Arbeitsschutzmanagement, Awards für Produkte)?</td><td></td></tr>
<tr><td colspan="2">Dienstleistungen (zum Beispiel Reinigungsfirmen, Softwarebetreuung, Free Lancer, Grafiker/Fotographen usw.)</td></tr>
<tr><td>Checkpunkt</td><td>Bemerkung</td></tr>
<tr><td>1. Waren die Leistungen des Dienstleisters zufrieden stellend?</td><td></td></tr>
<tr><td>2. Sind die Leistungen des Dienstleisters preislich angemessen (im Verhältnis zu vergleichbaren Leistungen gleicher Qualität)?</td><td></td></tr>
</table>

3. Hat der Dienstleister termingerecht geliefert?	
4. Hilft der Dienstleister bei Problemen mit den Leistungen?	
5. Gab es Reklamationen durch Kunden oder Beschäftigte über die Leistungen?	
6. Entsprechen die Leistungen den sicherheitstechnischen Anforderungen und den Anforderungen an den Gesundheitsschutz?	
7. Hält sich der Dienstleister an die Vereinbarungen in Bezug auf Sicherheit und Gesundheit bei der Arbeit?	
8. Besitzt der Dienstleister Zertifizierungen oder Auszeichnungen (Qualitätsmanagement, Arbeitsschutzmanagement, Awards für Produkte/Leistungen)?	
Überprüfen Sie bitte selbst, ob Sie mit dem Ergebnis Ihrer Überprüfung zufrieden sind. Falls Sie nach Ihrer Einschätzung zu oft negative Bemerkungen eingefügt haben, sollten Sie sich einmal nach einem möglichen anderen Lieferanten umschauen.	

13.9 VBG-Planungshilfe für die Arbeitsmittel-Prüfungen

Planungshilfe Arbeitsmittel-Prüfung

Mit diesem Dokument können Sie die in den Beurteilungen der Arbeitsbedingungen festgelegten Prüfungen planen und koordinieren.

Arbeitsmittel	**Frist für nächsten Prüftermin**	**Befähigte Person/Prüfer (Kompetenzen/Name)**	**Termin der Prüfung**

13.10 AMS-Zertifikat der ARO Personalservice GmbH

2012 ams Dienstleister BG geprüft

Die VBG bescheinigt dem Unternehmen

ARO Personalservice GmbH
Benzstraße 4
45891 Gelsenkirchen

die Anforderungen an den systematischen und wirksamen Arbeitsschutz auf der Basis

des „AMS-Dienstleister“

und somit

des NLF / ILO-OSH 2001

zu erfüllen.

Die Begutachtung am 09.12.2008 und 14.04.2009 erfolgte auf der Basis der „BG-Verfahrensgrundsätze zur Begutachtung von Arbeitsschutzmanagementsystemen (AMS)“

Diese Bescheinigung ist gültig bis zum 30.04.2012.

Dr. Manfred Fischer
Direktor Prävention

Hamburg, den 30.04.2009

Verwaltungs-Berufsgenossenschaft VBG 17

Andreas Stephan
Begutachter

BG 31/2009/0008

VBG
Ihre gesetzliche Unfallversicherung
www.vbg.de

Literaturverzeichnis

Bücher:

Elghahwagi, Sonja — Arbeitnehmerüberlassung, Grundlagen, Entwicklung, Ziele, VDM Verlag Dr. Müller, Saarbrücken 2006.

Hamann, Wolfgang — Fremdpersonal im Unternehmen, - Alternativen zum Arbeitsvertrag -, 3. Auflage, Richard Boorberg Verlag, Stuttgart, München, Hannover, Berlin, Weimar, Dresden, 2008.

Julius, Nico — Arbeitsschutz und Fremdfirmenbeschäftigung, 1. Auflage, Nomos Verlagsgesellschaft, Berlin 2004.

Küttner, Wolfdieter und Roller, Jürgen — Personalbuch 2008, Arbeitsrecht-, Lohnsteuer- und Sozialversicherungsrecht, 15. Auflage, Verlag C. H. Beck, München 2008.

Pulte, Peter — Betriebsbeauftragte in der Wirtschaft, Schriften zum Betriebs-/Gefahrenschutz, 4. Auflage, VPRM, Troisdorf 2009.

Pulte, Peter — Das deutsche Arbeitsrecht, Kompaktwissen für die Praxis, 3. Auflage, VPRM, Troisdorf 2008.

Pulte, Peter — Betriebsgröße und Arbeitsrecht, Schriften zur Personalwirtschaft, VPRM, Troisdorf 2009.

Seidel, Hans-Joachim und Bittighofer, Peter Michael — Checkliste Arbeits- und Betriebsmedizin, Checklisten der aktuellen Medizin, Georg Thieme Verlag, Stuttgart/New York, 1997.

Urban-Crell, Sandra und Schulz, Christian — Arbeitnehmerüberlassung und Arbeitsvermittlung, EFAS, Effektives Arbeits- und Sozialrecht, Verlag C. H. Beck, München 2003.

Wienhold, Lutz — Qualität des Handelns der Fachkräfte für Arbeitssicherheit - Leitlinien und Ansatzpunkte zur Beurteilung – Schriftenreihe der Bundesanstalt für Arbeitsschutz und Arbeitsmedizin, Wirtschaftsverlag NW, Dortmund/Berlin/Dresden 2005.

Kommentare:

Boemke, Burkhard und Lembke, Mark	Arbeitnehmerüberlassungsgesetz, Kommentar, 2. Auflage, Verlag Recht und Wirtschaft GmbH, Frankfurt am Main 2005.
Franke, Edgar und Molkentin, Thomas	Sozialgesetzbuch VII, Gesetzliche Unfallversicherung, Lehr- und Praxiskommentar, 2. Auflage, Nomos Verlagsgesellschaft, Baden-Baden 2007.
Thüsing, Gregor	Arbeitnehmerüberlassungsgesetz, Kommentar, 2. Auflage, Verlag C. H. Beck, München 2008.
Ulber, Jürgen	Arbeitnehmerüberlassungsgesetz, Kommentar, 3. Auflage, Bund-Verlag GmbH, Frankfurt am Main 2006.

Informationsbroschüren:

VBG	Informationen zur Ausbildung als Fachkraft für Arbeitssicherheit, Hamburg, November 2007.
VBG-Branchenleitfaden	BGI 5020, Zeitarbeit – sicher, gesund und erfolgreich, Leitfaden für die Gestaltung der Arbeitsorganisation in Zeitarbeitsunternehmen, Hamburg, September 2007.
VBG-Fachinformation	BGI 5023, Mit System zum sicheren und gesunden Betrieb, 7 Schritte zum Aufbau und zur Pflege eines systematischen Arbeitsschutzes für Dienstleistungsbetriebe, Hamburg, August 2006.
VBG-Sicherheitsreport	Mitteilungsblatt der VBG, Hamburg, Nr. 2/2008 – 2. Quartal.
VBG-Sicherheitsreport	Mitteilungsblatt der VBG, Hamburg, Nr. 4/2007 – 4. Quartal.
VBG-Gefahrtarif	Gefahrtarif gültig zur Berechnung der Beiträge vom 1. Januar 2009 bis 31. Dezember 2010, VBG Hamburg.

VBG-1. Begutachtungsbericht	Arbeitsschutz mit System „AMS-Dienstleister“ vom 29.12.2008.
VBG-2. Begutachtungsbericht	Arbeitsschutz mit System „AMS-Dienstleister“ vom 11.05.2009.
BGV A1 der VBG	Unfallverhütungsvorschrift „Grundsätze der Prävention“, BG-Vorschrift, Fassung vom 01. Januar 2004.
BGV A2 der VBG	Unfallverhütungsvorschrift „Betriebsärzte und Fachkräfte für Arbeitssicherheit“, BG-Vorschrift, Fassung vom 16. Dezember 2004.

Informationen der ARO Personalservice GmbH:

Zusammenfassung der ARO Personalservice GmbH von A – Z i.V.m. Homepage: http://www.aro-personal.de

Unternehmensziele 10/2008 bis 09/2009 der ARO Personalservice GmbH.

Pflichtenübertragung, Arbeitsplätze – Beschreibung der ARO Personalservice GmbH.

Internet:

http://www.tüv-nord.de	TÜV Nord Cert: Begriffserklärungen von Abkürzungen und Fremdwörtern.
http://www.tuev-nord-cert.de	TÜV Nord CERT: Mehr Sicherheit beim Personalverleih durch SCP-Zertifikat.
http://www.vbg.de	Nachtrag zur BGV A2, Presseinformation
http://www.scc-info.de/seiten/SCP-Sicherheitszertifikat.htm	SCC/SCP Infonetzwerk Deutschland, Stand: 01.11.2008.
http://www.diemer-ing.de	Ingenieurbüro Dipl.-Ing. H. Diemer, Arbeitssicherheit & Arbeitsmedizin, Stand: 23.01.2009.
http://www.prosoft.org	Zeitarbeitssoftware „proSoft AÜ-Office“, Stand: 13.01.2009.
http://www.baua.de	BAuA - Gemeinsame Deutsche Arbeitsschutzstrategie (GDA), Stand: 18.03.2009.

http://www.dguv.de — Prävention, GDA, Stand: 10.07.2009.

http://www.vdbw.de — VDBW: Verband Deutscher Betriebs- und Werksärzte e.V., Aktuelles, Stand: Januar 2009.

Aufsätze und Berichte:

AIP-Diskussion — Aktuelle Information für Personaldienstleister, „Die praktische Seite von SCC und SCP", Ausgabe 10/2004, S. 22 f.

AQ-Ingenieurgesellschaft — für Arbeitsschutz und Qualitätsmanagement, B. Siemer, SCC-ToDo-Liste 2006, interner Fragenkatalog der Fachkraft für Arbeitssicherheit von der ARO GmbH.

AQ-Ingenieurgesellschaft — für Arbeitsschutz und Qualitätsmanagement, Tabelle der arbeitsmedizinischen Vorsorgeuntersuchungen von der Fachkraft für Arbeitssicherheit der ARO Personalservice GmbH.

AQ-Ingenieurgesellschaft — für Arbeitsschutz und Qualitätsmanagement, B. Siemer, SCC Rev. 2006, Checkliste und Verfahren – eine Information.

Infoplus — Informationen der Unfallkasse Nordrhein-Westfalen, Ausgabe 2/April 2009.

Marx, Uwe — die BG 05.09, Fachbeitrag AMS, S. 245-247.

Pulte, Peter — Beteiligungsrechte des Betriebsrats außerhalb der Betriebsverfassung, NZA 5/2000, S. 234 ff.

Stichwortverzeichnis

A

B

C

D

E

F

G

Q

S

U

V

W

Z

Weitere Titel aus der Reihe: Schriften zur Zeitarbeit

ISBN 978-3-941388-18-5
€ 24,80

Erhältlich im Buchhandel oder unter www.vprm.de

Reuter

Arbeitsschutz für Leiharbeitnehmer

Leiharbeitnehmer haben bedingt durch vergleichsweise häufige Arbeitgeberwechsel verbunden mit kurzen Überlassungsdauern ein zwei- bis dreifach erhöhtes Unfallrisiko. Der Arbeitsschutz spielt daher eine außerordentlich bedeutende Rolle.

Das im Bereich der Arbeitnehmerüberlassung vorzufindende Dreiecksverhältnis zwischen Verleiher, Entleiher und Leiharbeitnehmer birgt hinsichtlich des Arbeitsschutzes deutliche Gefahrenpotentiale, da sich die arbeitsschutzrechtlichen Verantwortungsbereiche für den Leiharbeiter nur schwer abgrenzen lassen. Dieses Buch will Licht in die „arbeitsschutzrechtliche Grauzone“ bringen und die gegenseitigen Rechte und Pflichten der Parteien näher bestimmen. Der Autor untersucht die individual- und kollektivrechtlichen Schutzvorschriften und stellt die hier relevante Rechtsprechung zusammen.

Das Buch richtet sich gleichermaßen an Personalverantwortliche in Unternehmen, Zeitarbeitsunternehmen und Leiharbeitnehmer und bietet eine praktische Orientierungshilfe in allen Fragen des Arbeitsschutzes.

ISBN 978-3-941388-19-2
€ 24,80

Erhältlich im Buchhandel oder unter www.vprm.de

Kraschinski

Sozialverträgliche Gestaltung der Arbeitnehmerüberlassung

Wird ein Arbeitnehmer von seinem Arbeitgeber an einen Dritten zur Erbringung von Arbeitsleistung überlassen, handelt es sich um Leiharbeit. Dieser grundlegende Unterschied zu anderen Beschäftigungsformen verbunden mit dem stetigen Wachstum der Leiharbeitsbranche ist seit jeher Ausgangspunkt für kontroverse Diskussionen über Vor- und Nachteile von Leiharbeit sowie über Chancen und Risiken.

In diesem Buch werden der rechtliche Rahmen der Arbeitnehmerüberlassung, die Entwicklungen des Leiharbeitsmarktes sowie die individuellen Arbeitsbedingungen eines Leiharbeitnehmers betrachtet. Anhand dessen werden sozial- und wirtschaftspolitische Risiken und Probleme der Leiharbeit aufgezeigt und Möglichkeiten zur sozialverträglichen Gestaltung dargelegt. Dabei werden die mit der Leiharbeit verbundenen Chancen nicht außer Acht gelassen, sondern als eine Gestaltungsmöglichkeit betrachtet.

Aktuelle Informationen finden Sie auch unter www.vprm.de

Weitere Titel aus der Reihe: Schriften zur Zeitarbeit

ISBN 978-3-941388-04-8
€ 24,80

Erhältlich im Buchhandel oder unter www.vprm.de

Dreher

Die betriebsverfassungsrechtliche Stellung von Leiharbeitnehmern

Dieses Buch behandelt betriebsverfassungsrechtliche Probleme, die sich an der Schnittstelle zwischen Betriebsverfassungsrecht und Arbeitnehmerüberlassung ergeben.

Durch die für die Arbeitnehmerüberlassung typische Aufspaltung der Arbeitgeberbefugnisse zwischen Ver- und Entleiher im Dreiecksverhältnis ergeben sich zahlreiche betriebsverfassungsrechtliche Fragestellungen, welche die Individualrechte der Leiharbeitnehmer und die Mitwirkungs- und Mitbestimmungsrechte der Betriebsräte in beiden Betrieben betreffen. Es hängt von der individualrechtlichen Einordnung ab, welche betriebsverfassungsrechtlichen Rechte dem Beschäftigten zustehen und welcher Betriebsrat für die Wahrnehmung der Mitbestimmungsrechte letztendlich zuständig ist.

Diese Fragestellungen werden in diesem Buch aufgegriffen, mit dem Ziel die Beteiligungsrechte der Betriebsräte im Ver- und Entleiherbetrieb zu ermitteln und Handlungsempfehlungen abzugeben.

ISBN 978-3-941388-20-8
€ 24,80

Erhältlich im Buchhandel oder unter www.vprm.de

Fabritius

Konzerninterne Arbeitnehmerüberlassung im Krankenhaus

Seit der Änderung der gesetzlichen Rahmenbedingungen der Arbeitnehmerüberlassung und der damit verbundenen Liberalisierung stehen den Unternehmen neue Möglichkeiten für den Einsatz von Leiharbeitnehmern offen. Vor diesem Hintergrund haben sich neue Formen von Arbeitnehmerüberlassung entwickelt – so auch die hier thematisierte konzerninterne Arbeitnehmerüberlassung. Bei dieser wird ein konzerneigenes Verleihunternehmen, meist als Personal-Service-Gesellschaft bezeichnet, gegründet. Zwecks Senkung der Personalkosten überlässt diese sodann Leiharbeitnehmer an die konzernzugehörigen Unternehmen.
Insbesondere beschäftigt sich die Autorin mit der Diskussion um die Zulässigkeit einer Personal-Service-Gesellschaft zum Zweck der Personalkostensenkung.
Aufgrund der allgemeinen Darstellung der rechtlichen Rahmenbedingungen der konzerninternen Arbeitnehmerüberlassung richtet sich dieses Buch nicht nur speziell an den Krankenhaussektor, sondern auch an andere Branchen.

Aktuelle Informationen finden Sie auch unter www.vprm.de